AF130219

Max Lenz

Zur Kritik der Gedanken und Erinnerungen

des Fürsten Bismarck

Max Lenz

Zur Kritik der Gedanken und Erinnerungen
des Fürsten Bismarck

ISBN/EAN: 9783744618403

Hergestellt in Europa, USA, Kanada, Australien, Japan

Cover: Foto ©ninafisch / pixelio.de

Weitere Bücher finden Sie auf **www.hansebooks.com**

Zur Kritik

der

„Gedanken und Erinnerungen"

des

fürsten Bismarck.

Zur Kritik

der

„Gedanken und Erinnerungen"

des

Fürsten Bismarck.

Von

Max Lenz

Berlin.

Verlag von Gebrüder Paetel.

1899.

I

Krimkrieg.

Die Leser der „Deutschen Rundschau" haben vor Kurzem aus der nie rastenden Feder von Erich Marcks einen Aufsatz erhalten, der den Ideengehalt des nachgelassenen Werkes unseres großen Staatsmannes beschrieben und zum ersten Mal in umfassender Weise kritisch Stellung zu demselben genommen hat. Es ist eine Analyse, welche ebensosehr der Form wie dem Inhalt, der Persönlichkeit Bismarck's wie den Thatsachen, die er berichtet, den leitenden Gesichtspunkten wie dem Zusammenhange des Ganzen mit seinen Theilen gewidmet ist, reich an feinen Beobachtungen und mit der Verbindung hingebender Bewunderung und objectiver Auffassung geschrieben, die auch das Buch des Verfassers über Kaiser Wilhelm auszeichnet und in so hohem Grade anziehend macht. Alles in Allem ein Essay, der sich neben dem classischen Werke, dem er gilt, immer behaupten wird.

Die Aufgabe, die ich mir auf den folgenden Blättern gestellt habe, ist von vornherein sehr viel enger gefaßt. Ich will nur an einigen Beispielen zeigen, was die Kritik an den „Gedanken und Erinnerungen Bismarck's" noch zu leisten hat und leisten kann, an Stellen, die Marcks übrigens schon berührt und als werth für nähere Prüfung angezeigt hat; es sollen nur ein paar erste tiefer greifende Spatenstiche werden in einen Acker, der sicherlich noch in seiner Länge und Breite durchgepflügt werden wird.

Ich setze ein bei dem Bericht Bismarck's über ein Gespräch, das er mit dem Prinzen von Preußen während des Krimkrieges in einer der Krisen gehabt hat, in welchen der König ihn zum Beistande gegen Manteuffel nach Berlin berufen habe (I, 113), zur „Territion" des Ministers, wie er an anderer Stelle sich ausdrückt (I, 128): er habe, sagt er, auf den Reisen zwischen Frankfurt und Berlin in einem Jahre 2000 Meilen gemacht, „damals stets die neue Cigarre an der vorhergehenden anzündend oder gut schlafend."

Da wir sowohl von Bismarck als dem Prinzen von Preußen genau wissen, wann und wie oft sie während des Krimkrieges in Berlin gewesen sind, so läßt sich ohne Mühe die Zeit bestimmen, in der diese Unterredung stattgefunden haben muß. Bismarck kam, nachdem er den Winter 1853 auf 54 in Frankfurt geblieben war (seit dem 3. November), zum ersten Male in die Hauptstadt am

3. März, blieb bis zum 21. und kehrte dann über Hannover und Kassel zurück. Zum zweiten Male kam er am 7. Mai und blieb bis zum 18. Ende Juli berief ihn der König zu sich nach München, wohin er selbst am 29. gekommen war, und nahm ihn am 1. August mit nach Berlin. Bismarck blieb diesmal bis zum 5. August; am 6. traf er wieder in der Stadt des Bundestages ein, wo er bis zum Schluß der Sitzungen am 25. aushielt. Dann aber eilte er fort, um seine Familie, die seit dem Juni in Reinfeld bei den Großeltern war, aufzusuchen. In Berlin, wohin er am 26. August kam, blieb er bis zum 28. Statt dann aber nach Hinterpommern zu gehen, folgte er von Stettin aus einer Berufung an das Königliche Hoflager nach Putbus, wo er am 30. und 31. an wichtigen Berathungen theilnahm. Am 1. September fuhr er über Swinemünde nach Reinfeld, aber schon am 15. war er wieder in Berlin; in den nächsten Tagen finden wir ihn dort, in Potsdam und zu Königs-Wusterhausen in eifriger diplomatischer Thätigkeit. Am 20. Abreise nach Frankfurt. Die Einladung des Königs zur Jagd nach Letzlingen entführte ihn von dort noch einmal, am 27. October, aber er dehnte diese Reise nicht wieder, wie im Jahre vorher, bis Berlin aus, sondern kehrte am 1. November nach Frankfurt zurück, um erst im Januar 1855 wieder auf vierzehn Tage nach Berlin zu kommen.

Bismarck hat also in dem Jahre 1854, an

daß er an jener Stelle allein denken kann, in der That nicht viel Ruhe gefunden: aber von der Summe, die er heraus rechnet, 2000 Meilen, bleibt doch noch ein ganzes Stück übrig, selbst wenn wir die Reisen nach München und Pommern hinzu nehmen wollten.

Prinz Wilhelm kam im Januar 1854 zum Ordensfest nach Berlin und blieb dort mit einer Unterbrechung von wenigen Tagen, in denen er nach Coblenz fuhr, um seinen Geburtstag mit seiner Gemahlin, die mit ihrer Tochter dort war, zu feiern, bis zum 7. Mai, also dem Tage, wo Bismarck ankam. Im August war er in Baden-Baden. Am 10. September führten ihn die Herbstparade und das Manöver des Gardecorps nach Berlin. Später residirte er wieder in Coblenz, von wo er in die Hauptstadt am 17. Januar 1855 zum Ordensfeste zurückgekommen ist. Schon danach kämen nur März und September 1854 für die Besprechung des Prinzen mit Bismarck in Betracht. Daß sie aber nur im März stattgefunden haben kann, läßt sich zur Evidenz beweisen. Zunächst durch das Tagebuch Leopold Gerlach's, das uns Tag und Tageszeit angibt: den Vormittag des 4. März, also, wie Bismarck selbst sagt, gleich oder doch bald nach seiner Ankunft. Unter den Berliner Nachrichten der „Nationalzeitung" vom 21. März findet sich, daß er am 19. noch einmal in längerer Audienz von dem Prinzen empfangen worden sei; eine Nachricht, die ich, obschon ich sie sonst nicht verbürgen kann, doch nicht bezweifeln will. Aber die in Rede stehende Audienz kann nur die vom 4. März sein; der ganze Zusammenhang, in den Bismarck sie gerückt hat, beweist das. Er schildert die Intriguen, die, von der Wochenblattpartei angeknüpft, den Prinzen von Preußen umgarnt und ihn in Opposition zu seinem Bruder gebracht hätten. Der Prinz habe ihn mit folgenden Worten empfangen: „Sie sehn sich hier zwei streitenden Systemen gegenüber, von denen das eine durch Manteuffel, das andre, russen-freundliche, durch Gerlach und den Grafen Münster in Petersburg vertreten ist. Sie kommen frisch hierher, sind von dem Könige gewissermaßen als Schiedsmann berufen. Ihre Meinung wird daher den Ausschlag geben, und ich beschwöre Sie, sprechen Sie sich so aus, wie es nicht nur die europäische Situation, sondern auch ein richtiges Freundschafts-interesse für Rußland erfordert. Rußland ruft ganz Europa gegen sich auf und wird schließlich unterliegen. Alle diese prächtigen Truppen," — es war dies nach den für die Russen nachtheiligen Schlachten vor Sebastopol — „alle unsre Freunde, die dort geblieben sind," — er nannte mehrere — „würden noch leben, wenn wir richtig eingegriffen und Rußland zum Frieden gezwungen hätten." Es würde damit enden, daß Rußland, unser alter Freund und Bundesgenosse, vernichtet oder in gefährlicher Weise geschädigt würde. Unsre, von der Vorsehung gegebene Aufgabe sei es, den Frieden dictatorisch herbeizuführen und unsern Freund auch gegen seinen Willen zu retten. In dieser Form etwa, setzt Bismarck hinzu, hätten Goltz, Albert Pourtalès und Usedom in ihrer auf den Sturz Manteuffel's berechneten Politik die Preußen gegen Rußland zugedachte Rolle dem Prinzen annehmbar gemacht, wobei die Abneigung der Prinzessin, seiner Gemahlin, gegen Rußland ihnen wohl behülflich gewesen wäre.

Nun weiß Jedermann, wann der Kampf in der Krim begann — im Herbst 1854: die Schlacht an der Alma fällt auf den 20. September, Balaclava auf den 24. October, Inkerman auf den 5. November. Also können die Worte des Prinzen, die sich darauf beziehen, damals gar nicht gefallen sein[1]).

_____

[1]) Daß Prinz Wilhelm sich später einmal so gegen Bismarck ausgesprochen habe, soll damit natürlich nicht geleugnet werden. Er könnte es schon am 29. September 1854 gethan haben, als ihn Bismarck auf seiner Durchreise durch Frankfurt bei sich empfing; oder am 15. November, als derselbe ihm zu Ehren einen Ball gab; oder auch im Januar 1855, wo sie noch 2 bis 3 Tage in Berlin zusammen waren, z. B. am 19. Januar gelegentlich der Jagd bei Potsdam, die beide mitmachten. Eine Audienz Bismarck's bei dem Prinzen kann man jedoch in diesen Tagen nicht nachweisen, und der Zusammenhang, in den die „Gedanken und Erinnerungen" die Unterredung bringen, läßt es nicht im Zweifel, daß Bismarck an jener Stelle nur die Audienz vom 4. März im Sinne hatte, mag er auch später gehörte Worte mit hineingemischt haben. Aehnlich wie am 4. März hat sich der Prinz gegen

Ueber den wahren Inhalt des Gesprächs hat uns Gerlach in seinem Tagebuch ein paar Angaben aus Bismarck's eigenem Munde aufbewahrt. „Der Prinz von Preußen," so notirt er am 4. März, „hat zu Bismarck gesagt, die Kreuz-Zeitungs-Partei (warum sagt man nicht lieber die Kreuz-Partei?) wolle Preußen mit Gewalt zu einem Kriege mit den Westmächten treiben." (I. 118.) Am folgenden Tage erzählte ihm Bismarck, der Prinz habe auf die furchtbaren Folgen hingewiesen, die ein Krieg mit Frankreich haben würde, ein Krieg mit Rußland wäre weniger zu fürchten, da sein Schwager mehr Rücksicht haben würde als Bonaparte, der ein rücksichtsloser Parvenü sei. Auch hatte er sich über die von den Zeitungen behauptete Auslieferung des preußischen Mobilmachungsplanes nach Petersburg heftig ausgelassen;

---

den Gesandten auch am 12., bezw. 13. Juli in Frankfurt geäußert, wohin ihn damals eine Truppeninspection führte. Denn darauf beziehen sich Bismarck's Worte in dem Brief an Gerlach vom 14. Juli 1854: „Gelingt es in dem jetzigen Stadium, Frieden zwischen Rußland und Oesterreich festzustellen, so schneiden wir so gut wie möglich ab, politisch, pekuniär, nach allen Seiten hin. Doch schien die Ansicht des Prinzen von Preußen noch immer zu sein: wir müssen Rußland den Krieg erklären, dann gibt es ohne Schwertstreich nach, und dann stehen wir mit Rußland und Oesterreich gegen Frankreich. Ich meine: Rußland wird uns was —, wenn wir soeben seine Demüthigung herbeigeführt haben; außerdem ist die noch nicht so schnell gemacht, wie Se. Königl. Hoheit annimmt."

er hatte sie einen „Landesverrath" genannt[1]). Das also sind echte Bestandtheile des Gesprächs. Sie stimmen dem Sinne nach mit dem, was in den „Gedanken und Erinnerungen" steht, überein; denn auf Krieg gegen Rußland war die Absicht des Prinzen in der That nicht gerichtet; er hielt es nur für geboten, sich dem Druck, den die Mächte auf Kaiser Nikolaus ausübten, anzuschließen, gerade in der Hoffnung, dadurch seinen von ihm hoch geschätzten Schwager von dem Kriege zurück zu halten, und vor Allem aus der Besorgniß vor einem Angriff der Franzosen, den er im Fall der Neutralität Preußens vorauszusehen glaubte.

Indessen können die Anfangsworte des Prinzen schwerlich so, wie Bismarck sie überliefert, gelautet haben, da sie eine Uneingeweihtheit des Gesandten in die Parteilage voraussetzen, die der Prinz von ihm nicht vermuthen durfte, und überdies den Kern des Gegensatzes nicht ganz richtig hervorheben. Denn wenn auch Manteuffel sich damals der Wochenblattspartei stark genähert hatte, konnte ihn doch der Prinz nicht wohl als den Vertreter des den Russenfreunden entgegengesetzten Systems bezeichnen, das eben von Pourtalès, Bethmann-Hollweg und ihren Freunden, „der Partei der Prinzessin", den „Bethmännern", wie ihre Gegner sie hießen, gebildet wurde. Wenn irgend Jemand in dem Wirrwarr der höfischen Parteiungen, in

---

[1]) Vergl. Polchinger, Bd. IV, S. 185.

denen es fast soviel Nüancen gab wie Personen, eine vermittelnde, „schiedsrichterliche" Stellung einnahm, so war es der Minister selbst. Seine Sorge blieb stets darauf gerichtet, wie er das Schifflein seiner Staatskunst durch die Wirbel der Parteibewegung und zwischen den Sandbänken und Klippen, an denen es täglich zu scheitern drohte, hindurch retten könnte; niemals wagte sich dieser Pilot auf das hohe Meer einer kühnen Politik hinaus; er war froh, wenn er das Leben hatte. Um den ersten März war die Verwirrung in Berlin auf dem Gipfel: von Wien her drängte man zu einer Convention, welche die vier Mächte zu Garanten für die Integrität der Türkei machen wollte und Executionsmaßregeln gegen die Russen, falls sie die Donauprovinzen nicht räumen würden, androhte. Die Westmächte hatten bereits ihr Ultimatum gestellt, das den Rückzug der zarischen Truppen bis zum 30. April forderte. Am Vormittag des 2. März trat der englische Gesandte, Lord Bloomfield, mit Lord Seymour, Englands Vertreter am russischen Hof, der schon von Petersburg abberufen war und in Berlin weilte, bei dem preußischen Minister ein und forderte, indem er jene Note zugleich mit einer Depesche Lord Clarendon's präsentirte, daß der König die Sommation in Petersburg unterstütze. Manteuffel schien zu erliegen. Er erklärte dem Lord, daß er Seiner Majestät die Documente am nächsten Tage überreichen und ihm eine De-

pesche an den Vertreter Preußens in Petersburg,
General Rochow, unterbreiten werde, worin er
diese Forderung befürworten wolle; er sei nur
nicht in der Lage, sich schon jetzt, bevor er den
König gesprochen, über den Inhalt zu äußern,
werde aber nichts versäumen und denke, daß seine
Note, welche der englische Courier, der über Wien
ging, gleich hatte mitnehmen sollen, ebenso rasch
als dieser selbst nach Petersburg gelangen werde.

In diesem Moment höchster Noth seiner Partei
langte Bismarck in Berlin an. Aus seiner Correspondenz mit dem General von Gerlach wird völlig
deutlich, wer die Anregung zu der Reise gegeben
hat. Kein Anderer als er selbst. Seit
Monaten aus der Hauptstadt und dem Centrum
der Geschäfte entfernt, von dem ängstlich-eifersüch-
tigen Minister nur schlecht unterrichtet und auf
die Briefe seiner Freunde angewiesen, hatte er mit
wachsender Erregung die gefährliche Entwicklung
beobachtet. Aus dieser fieberhaften Spannung sind
die Berichte erwachsen, durch die er im Februar
seinem Minister etwas von der Courage einzu-
flößen suchte, die in ihm selber lebte. Sie gehören
zu dem Bedeutendsten, was seiner Feder entflossen
ist; sie sind von einer bilderreichen Kraft der
Sprache und einer bei aller Leidenschaft souveränen
Energie und Klarheit der Gedanken, daß es sogar
bei ihm fast ohne Beispiel ist. Durch Schreck-
bilder von dem Abfall der Kleinstaaten und ihren
Hintergedanken an ein russisch-französisches Bünd-

niß suchte er den Minister fest zu halten, aber mehr
noch stachelte er ihn durch den Hinweis auf die
preußische Kraft und die Ohnmacht und Hülfs-
bedürftigkeit Oesterreichs, dieses wurmstichigen alten
Orlogsschiffes, das die schmucke und seefeste preußische
Fregatte an sich koppeln wolle, von Schulden er-
drückt, in Ungarn und Italien von tausend Ver-
legenheiten umgeben, werde es dennoch alle mate-
riellen Vortheile für sich haben, wenn es auf der
Donau im Namen Mittel-Europa's auftreten und
hinter seinem kranken Staatswesen die preußischen
Thaler und die deutschen Bajonette rasseln lassen
würde, um seinen eigenen Zwecken zu dienen.
    Mit General Gerlach war Bismarck im Januar
etwas außer Verbindung gerathen, zum Theil über
die katholisirenden Rundschau-Artikel von dessen
Bruder Ludwig in der Kreuzzeitung, die sein fein in
der westdeutschen Luft verschärftes protestantisches
Gewissen tief verletzt hatten. Aber andere „Kammer-
freunde" hatten ihm schon von den Fortschritten
der „Partei der Prinzessin", die seit der Ankunft
des Prinzen Manteuffel ganz umgarnt habe und
mit allen Kräften gegen Rußland schüre, geschrieben
und ihn aufgefordert, persönlich herbei zu eilen.
Daraufhin sprach er am 3. Februar diesen Wunsch
gegen Gerlach aus: man beschwöre ihn feierlich,
bei dringender Landesgefahr, er solle nach Berlin
kommen; „ohne Befehl von dort," fügt er als
avis au lecteur hinzu, „thue ich es aber nicht und
kann auch nicht, ungerufen würde ich nur schaden."

„Mir ahnt mitunter," sagt er zum Schluß, „daß
der Tag für das preußische Ilion nah sein mag,
wo unser einem nicht viel Andres übrig bleibt,
als das Landwehr-Collet anzuziehen und zu sehn,
ob einem Gott den Tod eines Edelmannes beschieden hat. Sein Wille geschehe." Da die Antwort Gerlach's auf diesen Brief fehlt, läßt sich
nicht sagen, ob er auf Bismarck's Antwurf eingegangen ist; ich möchte fast glauben, nein. Unter-
deß aber hatte sich dieser schon eine andere Brücke,
bei Manteuffel direct, gebaut, durch ein Urlaubs-
gesuch, das er am 6. Februar einreichte — nicht
nach Berlin, sondern nach Schönhausen und nur
auf einen oder zwei Tage. Als Grund konnte er
eine Aufforderung seines Kreisgerichtes angeben,
bei Vermeidung gewisser Rechtsnachtheile binnen
vierzehn Tagen verschiedene alte, auf ländliche Verhältnisse Bezug habende, ihm ganz unbekannte
Documente zu produciren: sein Hausverwalter sei
nach seinem Bildungsgrade nicht im Stande, zu
ermitteln, ob sich das Gesuchte unter den seit
siebzig Jahren nicht geordneten Papiermassen be-
finde, welche er unter dem Namen „Archiv" ererbt
habe[1]. Der Minister bewilligte die Reise, aber
Bismarck trat sie zunächst nicht an. Er habe sie,
schreibt er ihm am 15., indem er seinen Dank
ausspricht, noch aufgeschoben, weil er noch Nachrichten über das Resultat einer ohne ihn in Schön-

---

[1] Vergl. Poschinger, Bd. IV, S. 172.

hausen angestellten Forschung erwarte, welches möglicher Weise seine Reise unnöthig mache: „Ein Aufenthalt von wenig Tagen auf einem unbewohnten Gut gehört zu den unbehaglichsten Ereignissen, besonders im Winter; man bleibt gerade lange genug, um den Kelch der Ansprüche und Beschwerden von Pächtern und Einwohnern bis zur Hefe zu leeren und die mißlichen Versuche einer aus der Uebung gekommenen Heizung zu erleben, der Vexationen höflicher und neugieriger Nachbarn nicht zu gedenken.“ Auch am 20. Februar war er noch immer nicht fort, obschon doch der gerichtliche Termin längst verstrichen und die Documente immer noch nicht gefunden waren. „Ich hatte den Vorsatz,“ schreibt er an diesem Tage an Gerlach, „auf einen Tag nach Schönhausen zu gehen, um dort ein Papier zu suchen, warte aber noch auf Bescheid, ob man es nicht ohne mich findet; vielleicht citirte man mich bei der Gelegenheit einmal wieder nach Berlin.“ Dies Wort hat den Anstoß zu seiner Berufung gegeben. Gerlach, der im Januar noch ziemlich ruhig und einverstanden mit den Entschlüssen des Königs und seines Ministers gewesen, war jetzt auch über die „von Pourtalès kommende Gefahr“ in Unruhe gerathen: aus Wien meldete Arnim, daß Oesterreich 60 000 Mann aufstellen werde; über London hörte man, daß es von Rußland die Evacuation der Fürstenthümer fordere; und der General sah schon das Schreckbild seiner Jugend, das Continentalsystem unter dem neuen

Bonaparte gegen England vor Augen. Karl von Manteuffel, der „Ackerteufel", wie er in Gerlach's Kreisen hieß, sagte ihm in der Kammer am 25. Februar, daß sein Bruder vorzüglich gegen ihn und Niebuhr erbittert wäre, wegen der Hollwegianer aber nicht abgehen würde. So bewog denn Gerlach den König dazu, den Frankfurter Freund herbei zu rufen. Noch am 25., gleich vom Charlottenburger Schloß aus, schrieb er es ihm: „Seine Majestät hat mir aufgetragen, Ihnen zu sagen, daß er darauf rechnete, Sie, wenn Sie nach Schönhausen gingen, einige Tage hier zu sehen." Er schilderte die Verwirrung, die Bismarck finden werde, und die sich immer mehr zur Krise gestalte, die drohende Haltung der Mächte, die Gefahr eines französischen Protectorates, das „Liebäugeln der Königlichen Brüder" mit Hollweg und Schwerin, wodurch die Rechte in der Kammer die Majorität eingebüßt habe, und die Haltlosigkeit des Premiers, der sich Pourtalès, „den Minister der Prinzeß von Preußen", als Unterstaatssecretär aufdrängen lasse. „Komm und siehe," schließt das rasch hingeworfene Schreiben; „leben Sie wohl, kommen Sie bald." Es fällt auf, daß Bismarck dennoch bis zum 2. März gezögert hat; möglicher Weise hat er es für nöthig befunden, formell noch einmal bei seinem Chef anzufragen, ob er willkommen sei[1].

---

[1] Diese Vermuthung wurde mir nachträglich bestätigt durch den Brief des Legationsraths Wentzel an Bismarck vom 24. Februar (Jahrbuch V S 60).

An Schönhausen fuhr er vorüber; schon am Morgen des 3. März machte er Manteuffel seine Aufwartung und stürzte sich in die volle Thätigkeit hinein. Dennoch behielt er, officiell wenigstens, die Reise auf sein Gut im Auge. Die Zeitungen meldeten am 7. übereinstimmend [1]): „Der diesseitige Bundestagsgesandte, Herr von Bismarck-Schönhausen, ist vor einigen Tagen hierher berufen worden und hier eingetroffen, um in Bezug auf die neue Intention Oesterreichs, eine Reconstituirung des Bundes herbei zu führen, gehört zu werden. Herr v. Bismarck wird sich vor seiner Rückkehr nach Frankfurt auf einige Tage nach seinem Gute Schönhausen begeben." Auf der Rückreise (er fuhr um ½8 Uhr Abends ab und war schon Nachmittags in Hannover) mag er vielleicht noch Zeit zur Einkehr gefunden haben [2]); möglich wäre es auch, daß er während des Berliner Aufenthalts einmal hin und her gefahren ist. Es läßt sich nichts darüber ausmachen; auch darüber nicht, ob er das Anfangs so dringliche Actenstück noch bekommen, oder ob er es im Archiv hat ruhen lassen, nachdem es ihm die Gelegenheit der Berliner Reise vermittelt hatte. Jedenfalls aber wird man nun nicht mehr sagen können, daß

---

[1]) Es die „Kreuz"- und „Nationalzeitung".

[2]) Aufenthalt hat er unterwegs offenbar gehabt, und den Weg von Genthen (denn die Bahn ging noch über Magdeburg) hin und zurück bis Schönhausen, ca. 7 Meilen, konnte er in der Zwischenzeit wohl machen.

gerade Friedrich Wilhelm es gewesen sei, dem an
seinem Kommen so viel lag, mag er ihn auch
nominell berufen und, als er einmal da war, an
sich herangezogen haben. Bismarck kam nicht als
der über den Parteien stehende Schiedsrichter, sondern als ein Glied der Phalanx, die Gerlach um
sich und den König aufstellte, als seine Partei
drauf und dran war, durch die Bethmänner über-
rannt zu werden[1]). Unwillkommen war der Frankfurter Gesandte dem König gewiß nicht, „in dessen
allen Eindrücken weit geöffneter Brust", wie Sybel
mit seiner Ironie sagt, „alle streitenden Ansichten
Anklang fanden". Die kühne und stets geistvolle
Art des jungen Staatsmannes war Friedrich
Wilhelm IV. sympathisch, vielleicht gerade als
Gegengewicht gegen die eigene Unentschlossenheit,
zumal da er doch stets in dem Bewußtsein lebte,
das Steuer in der Hand zu behalten; wie er es
denn ja wirklich, so sehr es in seiner schwachen
Hand geschwankt hat, von der Märzrevolution ab-

---

[1]) Vergl. den Brief von Graf Albert Pourtalès an
Bunsen (Nippold, Bd III, S 344) vom 6. März. „Mit
tiefer Bekümmernis betrachte ich die Wendung, die seit einigen
Tagen eingetreten ist. Sie ist ähnlich jener in den November-
tagen 1850, und dieselben Männer, dieselben Mittel, dieselben
Ziele treten jetzt wie damals hervor. Von allen Seiten und
aus allen Schlupfwinkeln erscheinen die „Bahrmann'schen
Gestalten" der Reaction, Senfft-Pilsach, Klein-Krosow, Krossow,
Oberst Manteuffel u. s. w. Die Russen triumphiren, und
Budberg ist geschäftig und frohlockend."

gesehen, nie ganz hat fahren lassen. Er hatte übrigens, noch bevor Bismarck anlangte, die Segel schon etwas anders zu stellen versucht, eine Wendung, die zunächst Manteuffel entgelten mußte. Indem er nämlich, dem Vortrage des Ministers über die Forderung der Engländer gemäß, in die Mission nach Petersburg einwilligte, wollte er sie doch dem General Gerlach, also dem Haupte der Russenfreunde, anvertrauen; und wenn dieser dem Zaren sagen sollte, er mochte die Räumung der Fürstenthümer anbieten gegen die Zusage, daß die Flotten der Westmächte den Bosporus verließen, und darauf einen Congreß in Bukarest veranstalten, so war das jedenfalls nicht im Sinne des Londoner Cabinets und wohl auch nicht recht in dem des Ministers. Dem Generaladjutanten war es freilich noch viel zu weitgehend: „Es wäre,“ schreibt er, „doch schon eine tiefe Demüthigung, wenn Rußland dies annähme.“ Nun aber setzten er und seine Freunde ihre Hebel an. Zunächst Senfft von Pilsach, der dem König auf den Kopf zusagte, daß er sich zum Kriege gegen Rußland fortreißen lassen würde. „Darauf,“ notirt Gerlach, „hat Se. Majestät sich über Manteuffel ausgelassen und davon gesprochen, ihn zu verabschieden, worauf Senfft ihm Bismarck vorgeschlagen hat“[1]). Senfft fragte, ob er mit Gerlach und Eberhard Stolberg darüber

---

[1]) Tagebuch Bd. II, S 116 Aufgezeichnet am 3 März, bezieht sich aber vielleicht noch auf den 2 März

sprechen könnte, worauf der König ihn an den Generaladjutanten wies als an den, der seine innersten Herzensgedanken kenne [1]). Gerlach erklärte die Ablösung doch für unthunlich, meinte aber, der Minister würde es sich gefallen lassen, Bismarck zu den Geschäften zuzuziehen; er meinte wohl an Stelle von Pourtalos. Dennoch rieth Senfft am 3. März dem König dringend zur Verabschiedung Manteuffel's; der König aber antwortete mit Nein, da Gerlach und Gröben (den er also auch gefragt hatte) dagegen wären.

Noch schien Alles in der Schwebe. Als Gerlach am 3. Morgens den Minister aufsuchte, sprach sich dieser einfach für die Unterzeichnung der Convention aus; er las dem General ein Promemoria Usedom's vor, das von der Ansicht ausging, Preußen dürfe sich nicht isoliren und müsse deßhalb beitreten. Gerlach eilte zum König und sprach ihm, wie er schreibt, in die Seele wegen seiner Sitte, Diener zu gebrauchen, die nicht de cœur et d'âme ihm dienten. Von da in die Kammer, wo er neben Stolberg Bismarck traf und sprach. Der war auch schon bei dem Chef gewesen und hatte dort ebenfalls Usedom's Memoire zu lesen bekommen, das er sehr elend und feige nannte. Sie verabredeten die ferneren Operationen, von denen aber an dem Tage wegen des Militärjubiläums des alten

Möllendorf, Commandeurs der Gardeinfanterie, nichts ausgeführt werden konnte.

Unterdessen aber ging der König selbst vorwärts. Er nahm sich Manteuffel ganz persönlich vor, sagte ihm sehr stark seine Meinung und befahl ihm, Pourtalès fortzuschicken, weil derselbe eine andere Ansicht als die seine habe. Manteuffel wagte dagegen zu bemerken, Pourtalès würde ihm antworten: dann müsse er, der Minister, selbst gehen. Worauf der König: „Sagen Sie ihm, daß Sie mir große Dienste geleistet und ich Vieles mit Ihnen durchgemacht hätte, aber nicht so mit ihm." Gerlach, dem dies der König am 4. selbst erzählte, glaubte, Manteuffel würde daraufhin den Abschied nehmen, aber Bismarck, zu dem er ging, versicherte ihm, er dächte nicht daran. Jetzt neigte sich bereits alles auf die Seite der Partei. Der König sprach wieder von dem Reiseproject nach Petersburg: Gerlach voran, Prinz Friedrich Karl hinterher; als während des Kaffees sich Pourtalès zum Vortrage anmelden ließ, wie Gerlach muthmaßt, um ein projet de note, das die Convention ersetzen sollte, vorzulegen, ließ ihm der König hinaus sagen, er sei nicht zu sprechen; und bald darauf schalt er auf die Vereinigung im Hôtel des Princes (damals auch Bismarck's Absteigequartier) bei Usedom und tadelte seinen lieben Hinckeldey, der nichts davon gewußt haben wollte. Manteuffel, der an dem Nachmittage noch empfangen wurde, kämpfte für die Convention nur noch mit erlahmender Kraft. Gegen Gerlach war er ganz freundlich, „aber seine Raisonnements," meinte dieser, „waren schlecht": „Durch ein modificirtes ‚Ja' blieben wir im Concert, durch ein ‚Nein' selbst mit Concessionen träten wir heraus."

Bei dieser Gelegenheit zeigte der Minister dem General ein „sehr aufgeregtes Billet" des Prinzen von Preußen über die Unterredung, die derselbe am Vormittage mit Bismarck gehabt habe; er hatte darin die Politik des Gesandten „die Politik eines Gymnasiasten" genannt. Das Wort bestätigt ganz die Angaben Bismarck's über den Zorn, in den er den Prinzen durch seine freimüthigen Erklärungen versetzt habe.

„Er habe, schreibt er, demselben, um ihn aus diesem Gedankenkreise los zu machen, vorgestellt, daß wir absolut keinen eigenen Kriegsgrund gegen Rußland hätten und kein Interesse an der orientalischen Frage, das einen Krieg mit Rußland oder auch nur das Opfer unserer langjährigen guten Beziehungen zu Rußland rechtfertigen könnte, im Gegentheil, jeder siegreiche Krieg gegen Rußland unter unserer nachbarlichen Betheiligung belade und nicht nur mit dem dauernden Revanchegefühl Rußlands, das wir ohne eigenen Kriegsgrund angefallen, sondern zugleich mit einer sehr bedenklichen Aufgabe, nämlich die polnische Frage in einer für Preußen erträglichen Form zu lösen. Wenn eigene Interessen keinesfalls für, eher gegen einen Bruch mit Rußland sprächen, so würden wir den bisherigen Freund und immer während en Nachbar, ohne daß wir provocirt wären, entweder aus Furcht vor Frankreich oder im Liebesdienste Englands und Oesterreichs angreifen. Wir würden die Rolle eines indischen Vasallen fürsten übernehmen, der im englischen Patronat englische Kriege zu führen hat, oder die des Yorck'schen Corps beim

Anmarsch zum Kriege 1812, wo die damals berechtigte Furcht vor Frankreich und zu deffen gehorsamen Bundesgenossen zwangsweise gemacht hatte. Den Prinzen verletzte mein Ausdruck, mit zorniger Röthe unterbrach er mich mit den Worten ‚Bon Vasallen und Furcht ist hier gar keine Rede.' Er brach aber die Unterredung nicht ab. Wer einmal sein Vertrauen hatte und in seiner Gnade stand, konnte ihm gegenüber sehr frei von der Leber sprechen, sogar heftig werden. Ich nahm an, daß es mir nicht gelungen sei, die Auffassung, der sich der Prinz unter häuslichem, englischem und Bethmann-Hollweg'schem Einfluß ehrlich überlassen hatte, zu erschüttern. Gegen den Einfluß der letztern Partei wäre ich auch bei ihm wohl durchgedrungen, aber gegen den der Frau Prinzessin konnte ich nicht aufkommen.'

Ob nun die Worte Bismarck's genau so gefallen sind, wie sie hier stehen, wird nach dem, was wir festgestellt, dem Zweifel unterliegen dürfen. Aber der Sinn kann nicht viel anders gewesen sein. Denn in den Briefen sowohl an Gerlach wie an Manteuffel spricht er sich genau so aus, in Wendungen, die an die von dem „Vasallenthum" ganz anklingen [1]).

---

[1]) Vergl. z B an Gerlach, 9. April, S. 140 „Eine feige Politik hat noch immer Unglück gebracht; daß wir unsere Kraft wie ein gutmüthiger Narr dem Egoismus Oesterreichs hingeben, um uns schließlich von ihm bemogeln zu laffen, ist noch das Wenigste; brechen wir aber wirklich auf dem Wege dieser Bedienten-Politik, Fremden zu liebe, mit Rußland, so kostet es den Franzosen ein Wort der Annäherung an Rußland, und die sämmtlichen deutschen Regierungen fallen ihnen zu, wir und Oesterreich aber sind die dupes in der Falle, und England zuckt die Achseln"

Ich will nun nicht den Verlauf der Krifis weiter anführen und könnte es kaum, da Gerlach's Tagebuch, so ausführlich und eingeweiht er gerade in diesen Tagen ist, neben den paar gedruckten Acten, die sonst zur Verfügung stehen, gar nicht ausreichen würde; man müßte mindestens das gleiche Material, das ihm vorlag, zur Erläuterung heranziehen. Niemand war in diesen Tagen geschäftiger und mit dem König in regerem Verkehr als sein Generaladjutant, und kaum Einer stand seinem Herzen näher. Wenn auch er nur wenig später, am 23. April, in einem Rückblick auf jene Krifis bemerkt, es sei nicht klar, von wo der eigentliche Sturz der Bethmänner ausgegangen sei, so müssen wir in bescheidener Resignation eingestehen, wie schwer es für uns Nachgeborene ist, die entscheidenden Momente anzugeben; die Darstellungen, die wir besitzen, sind ganz lückenhaft und vielfach verworren.

Genug, daß die Krifis für den Moment zu Gunsten der Ruffenfreunde überwunden wurde. Bismarck's Antheil daran ist ohne Frage recht bedeutend gewesen. In Frankfurt hörte er später sogar, Bloomfield schreibe ihm den Hauptantheil zu. „Zu viel Ehre", bemerkte er kurz und trocken in dem Brief, worin er dies Gerlach mittheilte. Wir finden ihn in jenen Tagen bei Manteuffel und Gerlach, bei dem russischen und dem französischen Gesandten, bei Prinz Wilhelm und dem König, wo ihn der Generaladjutant am 4. Nach-

mittags traf. Viel mehr als diese Daten können
wir aber darüber kaum angeben. Am 13. März
erwähnt Gerlach seine Mitwirkung gelegentlich der
Vorlage für die Kammer zur Bewilligung einer
Anleihe von 30 Millionen, die Manteuffel, der sich
deshalb mit Harcort und Schwerin in Verbindung
gesetzt hatte, dem König unterbreitet hatte. Dieser
verwarf den ungeschickten Entwurf, bis Bismarck
ihn umredigirte. „Mir kam er," schreibt Gerlach,
„auch in dieser Umarbeitung lang und schleppend
vor, der König fand ihn aber, da er von Bismarck
war, vortrefflich."

Friedrich Wilhelm IV. zeigte sich in diesen
Wochen verhältnißmäßig fest. Als Gerlach am
9. März gegen ihn meinte, daß ihn der Richt-
beitritt zur Convention doch wohl gereue, nahm
er es ihm fast übel; er glaubte jetzt, wo er Alles
selbst in die Hand genommen und nach allen
Seiten Specialgesandte mit eigenhändigen Briefen
ausschickte, endlich auf dem rechten Wege zu sein.
Aber die Gegner hatten die Partie noch nicht auf-
gegeben. Manteuffel blieb nach wie vor von „Zu-
trägern", wie Gerlach unwillig bemerkt, umgeben;
Bismarck glaubte, er ginge noch immer darauf
aus, Preußen in die Allianz der Westmächte zu
bringen. Offenbar hielt der Minister, und ebenso
der König, die Verbindung nach beiden Seiten
offen, und die Russenfreunde konnten froh sein,
wenn zu den heiklen Missionen an die Ostmächte
ihre Leute gewählt wurden, so nach Rußland, statt

Gerlach's, der gerne zurück blieb, General von Lindheim, der Commandeur vom 6 Corps, und Edwin Manteuffel, der „Flügelteufel", an den Kaiser von Oesterreich Zu Letzterem sagte der Minister, dem es gar nicht lieb war, daß der Vetter aus seiner Düsseldorfer Garnison herbeigerufen war, bei seiner Abreise am 13. März, man müsse es aufgeben, Oesterreich von den Westmächten zu trennen. Der Brief des Königs an Franz Josef, den sein Flügeladjutant in München, wo der Kaiser bei seiner jungen Braut und ihren Verwandten eingetroffen war, zu überreichen hatte, wollte das aber gerade bezwecken durch das Project einer Allianz, die auch die Kleinstaaten einschlösse, mit gegenseitiger Ländergarantie und freier Action — ein Manöver, dem auch Bismarck zustimmte [1]), dessen Gefährlichkeit er aber sicherlich niemals verkannt hat.

Kaum war Letzterer abgereist, so wurden seine Freunde bei Hofe von ganz anderer Seite her in Schrecken gesetzt, der König erkrankte plötzlich und nicht unbedenklich. Eine Wunde mit Geschwulst unter dem Auge, die man Anfangs wenig beachtete, entwickelte sich rasch und unter heftigem Fieber zur Rose. Die Vorträge wurden abgesagt; als Gerlach am 24. März Abends Depeschen vorlas, schlief der König darüber ein. „Ich saß wohl

---

[1]) Vergl. seine Briefe an Gerlach vom 29. März, 7 und 9 April.

eine halbe Stunde an seinem Bett", schreibt der General, "und überlegte mir, wie scheinbar zur unpassendsten Zeit der König erkrankt sei." "Man denke sich," fügt er weiter hinzu, "den Tod des Königs!" In der That können wir die Angst des Adjutanten begreifen. Die Nachfolge des Prinzen von Preußen in diesem Moment, das wäre die liberale Aera beim Ausbruch des Krimkrieges geworden! Und gerade jetzt machte Oesterreich einen neuen Anlauf, um Preußen hinter sich her zu ziehen. Ende März kam der Feldmarschalllieutenant Heß mit der Antwort seines Kaisers nach Berlin, um die "Desensiv-Allianz", die Friedrich Wilhelm vorgeschlagen hatte, im Sinne der Wiener Politik persect zu machen. Der König hatte bei dem Bündniß an die Frontstellung nach Westen, gegen den "Tigersprung der Revolution", der von Paris her dem "teutschen" Wesen drohe, gedacht: die Diplomaten der Hofburg suchten ihr die Tendenz gegen Nicolaus und die Besetzung der Donaufürstenthümer zu geben. Gerlach's Tagebuch gibt über die Verhandlungen, die zu dem viel berufenen Bündniß vom 20. April führten, überaus reiche Mittheilungen, die Alles hinter sich lassen, was aus den Acten bisher sichtbar wurde, und die Situation sehr viel klarer beleuchten als die über die Märzkrisis, da der General jetzt als Unterhändler direct betheiligt war. Dennoch gelang es ihm nicht, Manteuffel und den König von der gefürchteten Verbindung fern zu halten; die Angst, allein zu bleiben, und die Hoffnung, durch den verstärkten Druck den Zaren nachgiebig zu machen und die Westmächte aufhalten zu können, trieben sie in die Arme Oesterreichs hinein. Vergebens suchte Bismarck in stürmischen Briefen an Gerlach und an seinen Chef den ängstlichen Muth einzureden und vor dieser „Bedientenpolitik" zu warnen. Ob man denn wirklich glaube, daß Oesterreich ernstlich daran gehen werde, entweder ohne unsere Hülfe, sogar ohne vor unserm Angriff sicher zu sein, einen Krieg auf Tod und Leben mit Rußland entweder allein zu führen oder sich 200000 Franzosen in den Pelz zu setzen und sich von diesen retten zu lassen wie 49 von den Russen? „Es ist das eine Eventualität, die ich gar nicht in die Berechnung aufnehmen würde. ‚Nur Muth, der Tobak raucht sich gut,‘ steht auf dem Uckermärker Kanaster! Oesterreich merkt längst, daß wir uns vor seinem Rückfall in eine Wiener Rheinbunds-Politik fürchten, und benutzt diesen Popanz, um uns zu seinem Willen zu bringen." Der Minister, der sich in den kritischen Tagen, vor Ostern, nach Bismarck's Ausdruck durch eine Reise auf sein Gut Drahnsdorf in der Niederlausitz zu „effaciren" wußte, bekam nach dem Fest Alles in seine Hand, da von den andern Unterhändlern Alvensleben fortreiste, Gerlach durch eine schwere Erkrankung seiner Frau verhindert war und General Gröben's täppische Vertrauensseligkeit Alles wunderschön fand, was Heß und Manteuffel unter sich abmachten.

So ward das Bündniß vom 20. April, das Preußen zum Beistande Oesterreichs gegen Rußland, falls dieses die Fürstenthümer nicht räumen wolle, in gewisser Weise verpflichtete, zu einem entschiedenen Siege der liberalen Partei. Aber auch sie sollte desselben nicht froh werden. Denn kaum hatte der König sich gefügt, so erwachten bei ihm wieder Reue und Reaction. Gerlach bemerkte schon nach wenigen Tagen frohlockend, daß Se. Majestät sammt Gröben und Manteuffel wieder die Köpfe hängen ließen. Gegen ihn that Friedrich Wilhelm, als er am 22. April wieder zum ersten Male seit dem Charfreitage zum Vortrage in Charlottenburg erschien, noch sehr hoch. Als Gerlach den Vertrag eine verlorene Bataille nannte, nach der man aber die geschlagenen Truppen zum neuen Angriff sammeln müsse, nahm er ihm dies freie Wort wieder sehr übel und entgegnete gleich, er aber halte ihn für einen Sieg. Jedoch im Grunde des Herzens war ihm der neue Weg, auf dem ihn die Actionspartei sogleich weiter vor zu schieben versuchte, viel weniger geheuer. Da war es der Oberstkämmerer, Feldmarschall Dohna, Scharnhorst's Schwiegersohn, der nach Gerlach's Schilderung das Hauptverdienst an der Katastrophe gewann, von der die „Partei der Prinzessin" jetzt, wo sie den Sieg fast in den Händen zu haben glaubte, getroffen wurde. Den Anstoß gab wohl der letzte Bericht Bunsen's, in dem er, wie Gerlach es nennt, zu offenem Ungehorsam übergegangen

war und den Abschied gefordert hatte. Gleich am
22. April ward über den rebellischen Gesandten
„Gericht gehalten", und der König bewilligte seine
Abberufung. Am folgenden Morgen, einem Sonn=
tag, that es ihm zwar schon wieder leid, den
Jugendfreund so arg kränken zu müssen; er ver-
sagte die Unterzeichnung, nachdem ihn sein Bruder
bewogen hatte, zunächst das Urtheil Alvensleben's
einzuholen. Am Montag Abend war dessen Gutachten, zu dem ihm die Depeschen Bunsen's vor-
gelegen hatten, fertig, und nun unterschrieb am
25. Morgens der König gleich beides, die Ab-
berufungsordre für Bunsen und die der Ernennung
Bernstoff's als seines Nachfolgers, ohne daß sein
Bruder Gelegenheit bekommen hätte, das Gutachten
Alvensleben's zu lesen oder auch nur ihn selbst zu
sprechen. Prinz Wilhelm war außer sich und ver-
barg dies so wenig gegen den König, dem er zwei
scharf gehaltene Briefe darüber geschrieben hat, als
gegen Dohna und Alvensleben, die ihn beruhigen
mußten, während Gerlach seinerseits den König
festzuhalten suchte. Kaum war dieser Stein aus
dem Wege geräumt, so ging der alte Feldmarschall
gegen den besonderen Freund des Prinzen Wilhelm,
den Kriegsminister v Bonin, los Schon am 27.
sprach er sich darüber zum König aus, welcher
übrigens, wenn wir Gerlach glauben dürfen, selbst
von dem liberalen General los zu kommen wünschte,
der sich in der Kammer durch die Bemerkung, ein
Bündniß mit Rußland sei so wenig denkbar, wie

es nach den Gesetzen von Athen der Vatermord gewesen sei, allerdings arg genug compromittirt und fast lächerlich gemacht hatte. Am 3. Mai durfte Wrangel auf der Parade schon zum König sagen, Bonin verdürbe ihm die ganze Armee. Dann rückte Dohna mit dem Vorschlage heraus, dem Kriegsminister die Division Thümen's in Neiße zu geben, und diesen an Stelle Walderfee's, der das Ministerium haben sollte, nach Frankfurt zu schicken. Der König sagte zu Allem Ja und wies Dohna an den Premier. Dieser, kraftlos wie immer, wenn ihn der königliche Wille deckte, war sogleich bereit, die Cabinetsordre zu contrasigniren, und machte nur auf den Widerstand seitens des Prinzen von Preußen aufmerksam. „Der Sieg ist mir zu leicht erfochten," notirt Gerlach, „als daß ich glauben sollte, er sei vollständig." Aber er war es. Der Schlag wurde für die Wochenblattspartei viel härter als der von Anfang März. Vor Allem, da Prinz Wilhelm sich dadurch auf das Stärkste verletzt fühlte. Es kam, wie man weiß, zu einem wahren Bruch zwischen den königlichen Brüdern. Am 4. Mai kündigte der König dem Minister persönlich sein Schicksal an, unmittelbar vor dem Diner, zu dem er ihn befohlen hatte. „Ich habe das Eis gebrochen," schrieb er an Dohna, „und Bonin gesagt, ich wollte ihn wieder in die Armee versetzen." Am 5. wurde die Cabinetsordre unterzeichnet; noch am selben Abend brachte sie die „Kreuzzeitung", am nächsten Tage stand sie bereits

— denn Dohna und seine Freunde mußten rasch das heiße Eisen schmieden — im „Staatsanzeiger," und am 8. lasen die erstaunten Berliner in ihren Zeitungen, daß Se. Königliche Hoheit der Prinz von Preußen sich auf vier Wochen nach Baden-Baden begeben habe, wo seine Gemahlin bereits seit dem 3. Mai war, um dort bis zum Tage der silbernen Hochzeit im Kreise seiner Familie zu weilen. Bonin aber erhielt als besonderes Zeichen der Königlichen Huld die Büste Sr. Majestät.

Dies war die Lage, in der Bismarck's abermalige Berufung nach Berlin erfolgte. Wie sie zu Stande kam, können wir uns wieder, sehr im Gegensatz zu seinen „Erinnerungen", aus seiner Correspondenz mit Leopold von Gerlach klar machen. Diesmal war es der Generaladjutant, der den Gedanken zuerst faßte, am 2. Mai, als Edwin Manteuffel von seiner langen Mission aus Wien zurückgekehrt war und die dortige Lage ungemein ernst geschildert hatte: Buol suche Preußen zu einer Allianz mit den Westmächten zu treiben, und seine Politik sei, Rußland damit zu intimidiren. Flügelteufel rieth, eine Art Conferenz in Wien zu versammeln und Alvensleben hinzuschicken. „Ich möchte," fügte Gerlach bei, „Bismarck herholen." Am Nachmittag, auf dem Wege nach Charlottenburg, wohin er mit schwerem Herzen fuhr, überlegte sich der General, was er dem Könige sagen wollte; er wollte ihm vorschlagen, Bismarck kommen zu lassen, was er damit, daß jetzt die Verhand-

lungen über das Bündniß am Bundestage begannen, zu motiviren gedachte[1]), Edwin Manteuffel
zunächst in Berlin zu behalten und Alvensleben
nach Wien zu senden mit dem Vorschlage einer
großen Allianz, welche beide Vormächte mit dem
deutschen Bunde in gegenseitiger Garantie ihrer
Länder zusammen schließen sollte. Letzteres war
die Idee Alvensleben's, der am Tage vorher gemeint hatte, man hätte dies schon 1851 auf den
Dresdener Conferenzen, wo er die Regierung vertreten hatte, erlangen können. Auf dieser Fahrt
gelangte aber der General gar nicht bis zum
Schloß, da er unterwegs sein Depeschen-Packet
verlor und daher umkehren mußte; es wurde zum
Glück von einem Charlottenburger Bürger auf-
gefunden und ihm dann ausgehändigt. So kam
er erst am nächsten Morgen dazu, seine Anträge
anzubringen; sie wurden ihm nach nur halb-
ständigem Vortrage sämmtlich bewilligt. An dem
Minister war er diesmal ganz vorbeigegangen; erst
als er heimgelebrt war, unterrichtete er ihn von
dem, was er soeben durchgesetzt hatte; gleichzeitig
schrieb er an seinen Vetter und an Bismarck. Es
war eine harte Zumuthung, die damit dem Ministerpräsidenten gestellt wurde, und Edwin, der gleich

---

[1]) Uebrigens war er darauf geführt durch Bismarck's
Brief vom 28./29 April, wo dieser, vielleicht nicht ohne Absicht, darauf hinweist: „Wie ich höre, hat man die Absicht,
das ‚Bündniß‘ selbst der Bundesversammlung zur Annahme
vorzulegen x." (S 143).

herbei kam und selbst gegen die Berufung des
Bundestagsgesandten war, fragte den General, ob
er darauf gefaßt sei, daß dann sein Vetter ab-
ginge? Gerlach erwiderte gereizt, ihm sei es jetzt
einerlei, er könne das undankbare Geschäft, Manteuffel zu halten, nicht mehr durchführen, nachdem
er von ihm mit dem Vertrage vom 20. April so
hintergangen sei. Als er dann aber am nächsten
Tage zu dem Premier kam und über Bismarck
und Bonin sprach, sagte der Gute nichts weiter
als, Bismarck's Ankunft würde viel Gerede machen.
„Hätte ich die Sache aufgenommen," setzt Gerlach
freilich hinzu, „und mich mit ihm über Bismarck
eingelassen, so würde das sicher weit geführt haben."
Im Uebrigen kam Manteuffel dem Befehl einfach
nach und entschädigte sich nur dadurch, daß er ihn
an seinen Gesandten in etwas pikirtem Tone weiter
gab. Am 5. Mai, vierundzwanzig Stunden später
als der Brief Gerlach's, kam der des Ministers in
Bismarck's Hände, und am nächsten Tage war
dieser schon wieder auf der Fahrt zur Hauptstadt.
Hier reiste ihm nicht nur der Prinz von Preußen,
sondern auch der Minister aus dem Wege, der sich
für einige Tage wieder nach Drahnsdorf „effacirte".
So behielten die Freunde allein das Feld. Am
8. und 9. Mai waren sie, Alvensleben, Edwin und
Bismarck, bei Gerlach zusammen, um die Lage zu
berathen. Es kam darauf an, dem Vertrage vom
20. April eine Wendung zu geben, die durch die
Betonung der Reciprocität in der Räumungsfrage

die Gefahr für Preußen, in den Krieg verwickelt zu werden, beseitigte, oder auch ihn in der Richtung, die Alvensleben gerathen hatte, zu entwickeln. „Wir überlegten Alles." schreibt Gerlach, „auf das Genaueste, wie der Vertrag aufzufassen — was wird aber das Ende sein?"

Bismarck hat in seinen Memoiren auch dieser Maientage gedacht, eben im Anschluß an den Brief Manteuffel's vom 3. Mai, den er mittheilt (I, 97). Er habe, so erzählt er, damals dem Könige vorgeschlagen, diese Gelegenheit zu benutzen.

„um uns und die preußische Politik aus der secundären und, wie mir schien, zweideutigen Lage heraus zu heben und eine Stellung einzunehmen, welche uns die Sympathie und die Leitung der deutschen Staaten gewonnen hätte, die mit uns und durch uns in unabhängiger Neutralität zu verbleiben wünschten. Ich hielt dies für erreichbar, wenn wir, sobald Oesterreich die Truppenaufstellung verlangte, freundlich und bereitwillig darauf eingingen, aber die Aufstellung der 66 000 und factisch mehr Mann nicht bei Elsse, sondern in Oberschlesien machten, so daß unsere Truppen in der Lage seien, die russische oder die österreichische Grenze mit gleicher Leichtigkeit zu überschreiten, namentlich wenn wir uns nicht genirten, die Ziffer 100 000 uneingestanden zu überschreiten. Mit 200 000 Mann würde Se. Majestät in diesem Augenblick Herr der gesammten europäischen Situation werden, den Frieden dictiren und in Deutschland eine Preußens würdige Stellung gewinnen können. Frankreich war nicht im Stande, neben der Leistung, mit der es in der Krim beschäftigt war, bedrohlich an unserer Westgrenze aufzutreten. Oesterreich hatte seine disponiblen Kräfte in Ostgalizien stehen, wo sie von Krankheiten mehr Verluste erlitten als auf den Schlachtfeldern. Sie waren festgenagelt durch die, auf dem Papier wenigstens, 200 000 Mann starke russische Armee in Polen, deren Marsch nach der Krim die dortige Situation entschieden haben würde, wenn die österreichische Grenzaufstellung ihn hatte zulässig erscheinen lassen."

Man braucht diese Sätze nur zu lesen, um die Unhaltbarkeit ihres Inhaltes einzusehen. Der Feldzug in der Krim begann im Herbst; im Mai standen die Corps, welche Oesterreich mobilisirt hatte, im Banat und in Siebenbürgen. Das Bündniß vom 20. April hatte in der Militärconvention, die ihm angehängt war, allerdings noch die Bildung einer zweiten österreichischen Armee von 100 000 Mann in Aussicht genommen, welche in Galizien zusammengezogen werden und innige Fühlung mit den preußischen Corps nehmen sollte, die in der Stärke von 100 000, bezw. 200 000 Mann und zu einem Drittel in Ostpreußen, zu zweien zu Posen oder Breslau Aufstellung nehmen sollten. Aber erst am 15. Mai verfügte Kaiser Franz Josef die Aushebung von 95 000 Rekruten, so daß auch damit eine Auffassung nicht gerechtfertigt werden kann[1]), welche, wie bei dem Bericht über das Gespräch mit Prinz Wilhelm, die Situation vom Herbst oder eine noch spätere in den Frühling des Jahres zurückverlegt.

Noch an einer anderen Stelle gibt Bismarck einen Bericht, der sich auf diese Tage beziehen könnte; S. 146 erzählt er Folgendes:

---

[1]) Bismarck schreibt darüber erst nach seiner Rückkehr nach Frankfurt an Gerlach, 19. Mai, S. 151

„Im Winter 1853 zu 1854 ließ mich der König wiederholt kommen und hielt mich oft lang fest; ich verfiel dadurch äußerlich in die Kategorie der Strebrr, die am Sturze Manteuffel's arbeiteten, den Prinzen von Preußen gegen seinen Bruder einzunehmen, für sich Stellen oder wenigstens Aufträge heraus zu schlagen suchten, und dann und wann von dem Könige als Rivalen Manteuffel's cum spe succedendi behandelt wurden. Nachdem ich mehrmals von dem Könige gegen Manteuffel in der Weise ausgesperrt worden war, daß ich Gegenentwürfe von Depeschen zu machen hatte, bat ich Gerlach, den ich in einem kleinen Vorzimmer neben dem Cabinet des Königs in dem längs der Spree hinlaufenden Flügel des Schlosses fand, mir die Erlaubniß zur Rückkehr nach Frankfurt zu erwirken Gerlach trat in das Cabinet und sprach, der König rief: ‚Er soll in des Teufels Namen warten, bis ich ihm befehle, abzureisen!' Als Gerlach heraus kam, sagte ich lachend, ich hätte den Bescheid schon Ich blieb also noch eine Zeit lang in Berlin. Als es endlich zur Abreise kam, hinterließ ich den Entwurf eines eigenhändigen, von dem König an den Kaiser Franz Josef zu richtenden Schreibens, den ich auf Befehl Sr Majestät ausgearbeitet, und den Manteuffel dem Könige vorzulegen übernommen hatte, nachdem er sich mit mir über den Inhalt verständigt haben würde."

Der Schwerpunkt, so wird weiter ausgeführt, habe in dem Schlußsatz gelegen, der dann im Auswärtigen Amt im Concept verändert und der österreichischen Politik näher gerückt worden sei.

Wie wir bemerkten, hatte im März Edwin Manteuffel einen Brief des Königs vom 14. d. M. an Kaiser Franz Josef zu übergeben, der ihm gleich nach seiner Abreise nachgesandt wurde. Er ist zum Theil gedruckt und trägt so sehr das Gepräge der königlichen Hand, daß schon deshalb eine Betheiligung Bismarck's an seiner Abfassung ausgeschlossen ist. Auch wurde ja das, was er über die Abfassungszeit sagt, und worin die Pointe der Erzählung steckt, zu jenem Datum nicht passen. Auch im Mai hat Friedrich Wilhelm einen Brief an den Kaiser gerichtet, über dessen Entstehung Gerlach uns genaue Auskunft gibt. Der Entwurf deßselben war, wie er am 11. bemerkt, ganz von des Königs Hand. Am 12. Morgens las dieser ihm seinem Generaladjutanten, der ihm seine Besorgniß um den Inhalt nicht verhehlt hatte, vor und Gerlach erklärte sich völlig einverstanden. Zur Mittagstafel kam mit Alvensleben und Otto Manteuffel, der von Drahnsdorf zurückgekehrt und mit Gerlach eine Art Versöhnung gefeiert hatte, auch Bismarck nach Potsdam heraus. „Alvensleben und Manteuffel,“ schreibt Gerlach, „machten schon vor der Tafel Alles ab, so daß Aussicht ist, um 5 Uhr fort zu kommen“ — Worte, die, wie man sieht, selbst unmittelbar, wohl schon vor dem Essen niedergeschrieben worden sind. Man wird annehmen dürfen, daß der Minister und Alvensleben vor Allem jenen Brief durchgenommen haben, so daß also Bismarck nicht mit hinzugezogen wäre. Alvensleben beanstandete eine Stelle, worin der Kaiser mit seinen Ministern in Gegensatz gebracht wurde, und die der König noch durch ein Postscriptum milderte. Er reiste dann sehr bald weg, mehrere Tage bevor Bismarck nach Frankfurt zurückkehrte. Hiernach scheint es also, daß auch dieser Brief an der citirten Stelle Bismarck nicht vorgeschwebt haben kann. Besser würde, besonders dem Inhalte nach, stimmen, was wir über ein drittes Schreiben des Königs an seinen Bruder von Oesterreich wissen. Er entwarf es am 6. August unmittelbar nach einem Brief an den Zaren, an dem Bismarck's Mitarbeiterschaft bezeugt ist. Gerlach berichtet darüber unter dem 7. d. M.: „Und nun kam noch das Beste; Se. Majestät schrieben einen sehr guten Brief an den Kaiser von Oesterreich, so daß Edwin Manteuffel, der mit der Absicht in das Cabinet Sr. Majestät trat, die Absendung des russischen Briefes ganz zu verhindern, sich, nachdem er das Postscript gelesen, und besonders wegen des Briefes an den Kaiser von Oesterreich mit Allem ganz einig erklärte, zu des alten Dohna Verwunderung, der auf so etwas sehr aufpaßt." Er hatte Franz Josef darin an sein Versprechen erinnert, bei einem Einmarsch in die Donaufürstenthümer jedenfalls am Pruth Halt machen zu wollen, und gesagt, daß Preußen den Zusatzartikel des Vertrages vom 20. April, in dem eben das Leitseil, das Heß der Berliner Postik um den Hals geworfen hatte, lag, jetzt für erledigt ansähe. Das würde also ganz der Auffassung Bismarck's entsprechen, und insofern könnte er der Rathgeber des Königs bei diesem Briefe gewesen sein, der Gerlach ganz überraschte; aber da er am 5. August bereits wieder nach Frankfurt abreiste, so kommt auch diesmal, von Anderem abgesehen, die Pointe nicht heraus

- 42 -

Bismarck erzählt wiederholt, daß er vom
König oft mit der Ausarbeitung oder der Revision
von diplomatischen Entwürfen, sei es im Einverständniß oder im Widerspruch mit dem Ministerpräsidenten, beauftragt worden sei. Und hierfür
haben wir mehr als ein Beispiel, darunter das
erwähnte Schreiben an den Zaren aus der ersten
Augustwoche, in dem der König seinen Schwager
erst wegen seines Entschlusses, die Fürstenthümer
zu räumen, pries, ihm dann aber sagte, daß man
einen Angriff auf Oesterreich nicht leiden würde.
Den Entwurf dazu arbeitete er selbst aus. Dann
nahmen ihn Gerlach, Bismarck und Edwin Manteuffel am 4. August vor und setzten eine Reihe
von Aenderungen durch, die den Inhalt weniger
bedenklich machten. Nachdem dann am 7. noch
einige Amendements Gerlach's angenommen, das
eine auch noch durch den König selbst verbessert
worden war, ging das bedenkliche Schreiben mit
dem russischen Courier ab; dem Ministerpräsidenten,
der wieder auf Urlaub in Drahnsdorf war, ward
eine Abschrift zugesandt.

Daß Bismarck diesen Brief etwa im Sinn
gehabt hat, kann man auch schwerlich annehmen.
Und so können wir also nichts darüber sagen, was
ihm bei jener Erzählung vorgeschwebt haben mag.
Jedenfalls ist sie so, wie sie lautet, verwischt und
historisch unbrauchbar.

Bismarck erscheint im Tagebuch und in der
Correspondenz mit dem General von Gerlach zu

jener Zeit durchweg als sein intimer Freund und Bundesgenosse. Seine Erinnerungen haben jedoch einen wesentlich anderen Ton; sie zeigen ihn in einer besonderen Stellung zum König und in einem gewissen Gegensatz zur Camarilla, von der er neben Gerlach und Niebuhr den Militärbevollmächtigten in St. Petersburg, Grafen Münster, namhaft macht, der im Tagebuch und der Correspondenz selten genannt wird: Diese seien nicht geneigt gewesen, den Einfluß auf den König mit ihm zu theilen, und hätten geglaubt, sich mit ihm im täglichen Zusammenleben nicht so gut wie in der Entfernung zu vertragen (S. 145). Sie hätten daher, als Se Majestät zu Anfang des Jahres 1854 das Ziel, ihn zum Minister zu machen, fester ins Auge gefaßt, zusammen mit Otto von Manteuffel dagegen gearbeitet. Zu Anfang des Jahres, im Januar, bevor seit der Ankunft des Prinzen von Preußen die Wochenblattspartei das Herz des Königs gewonnen hatte, kann, wie ein Blick in das Tagebuch Gerlach's zeigt, Friedrich Wilhelm diesen Gedanken gar nicht gehegt haben; denn selten waren er und Gerlach selbst mit Manteuffel einverstanden gewesen. Es kann sich nur um den Moment im März handeln, wo ja in der That, wie wir sahen, von der Ministerschaft des Frankfurter Bundestagsgesandten ernstlich die Rede war. Aber das Tagebuch Gerlach's führte uns hier schon zu einer ganz andern Auffassung: nicht der König, sondern Senfft von Pilsach war es, der damals die Ersetzung Manteuffel's durch Bismarck vorschlug. Es geschah gerade vom Standpunkt der extremen Russenfreundschaft aus, und wenn Gerlach widersprach, so that er das, weil er zu einer so schroffen Maßregel doch nicht die Hand bieten mochte; „Senfft warf mir vor," so schreibt er am 4. März, „daß ich von Manteuffel's Verabschiedung abgerathen hätte, er nannte mich wie Ludwig im letzten Moment thatenscheu. Aber ich habe bei einem schwachen Körper nicht den Muth, eine Amputation vornehmen zu lassen. Wer steht dafür, daß dann das Ausgespieene nicht wieder getreffen wird?" Der König fiel ihm zu, und am 6. März konnte er Senfft mit seinem Drängen auf die Absetzung Manteuffel's, wie er schreibt, verhöhnen.

Ueberhaupt aber ist Bismarck's Verhältniß zum König und zur Camarilla in den „Erinnerungen" verzeichnet. Denn sonst hätte Gerlach, wenn nicht in den Briefen, so doch sicherlich in seinem Tagebuch, dem er seine geheimsten Gedanken mit einer oft rührenden Naivetät anvertraut hat, jenen Gefühlen einmal irgend wie Ausdruck gegeben. Er war, wie mir scheint, viel zu vornehm gesinnt, um persönliche Rancune gegen den jungen Staatsmann zu üben, den er selbst nach Frankfurt gebracht und in der Zeit, da ihre Wege sich schieden, als seinen Mann, seinen Zögling, seinen alten Freund und Protégé bezeichnet hat[1]). Und ebenso

---

[1]) 1859 und 1860 (Tagebuch, Bd II, S. 704, 719).

lassen es die Freundschaftsversicherungen, die Bismarck mit dem General austauschte, mag man bei Briefen auch noch soviel abziehen dürfen, kaum zu. Differenzen dieser Art zwischen beiden anzunehmen. Man lese seinen Brief vom 20. Januar 1854 über die Meinungsverschiedenheit in Betreff der Rundschau-Artikel Ludwig Gerlach's: „Ihr Brief vom 16., den ich gestern erhielt, hat mich recht traurig gemacht, obschon ich in Dankbarkeit einen Beweis Ihrer Liebe darin sehe, daß Sie mir ihn überhaupt geschrieben haben und die Eindrücke, die er wiedergibt, mir nicht vorenthielten. Ich kann, um mit Freudigkeit dem Könige zu dienen, das Bewußtsein eines innigen und vertrauensvollen Zusammenhanges mit Denen nicht entbehren, deren Kampfgenosse ich nicht nur in bösen Zeiten war, die mir, abgesehen davon und außerhalb der politischen Bühne persönlich theuer sind, und von denen mich wohl eine Differenz über die Richtigkeit der Mittel in concreten Fällen, aber niemals ein Zwiespalt über die gemeinsamen Grundlagen und Ziele des Handelns trennen kann." Oder den vom 3. Februar, dem „Tage Santo Diavolo," wie Bismarck datirt [1]), der mit den Worten schließt: Leben Sie von Herzen wohl. Zweifeln Sie the stars are fire u. s. w.

Auch hat Gerlach gegen Bismarck niemals ein Hehl daraus gemacht, daß er für die Erhaltung Manteuffel's sei.

[1]) Fra Diavolo war ein Spitzname, mit dem er seinen Minister Manteuffel beehrte.

(vergl. Hamlet an Ophelia), aber zweifeln Sie nicht an meiner aufrichtigen Liebe." "Laffen Sie sich nur nicht gegen mich Mißtrauen beibringen," schreibt er ein ander Mal; "gegen den König und Sie bin ich à toute épreuve ehrlich." In keine der von uns besprochenen Situationen paßt das Verhältniß, wie er es von sich zum König und zur Camarilla schildert, hinein. Nicht Friedrich Wilhelm veranlaßte, wie wir sahen, seine Berufungen, sondern er selbst oder Gerlach, und die Territion, die sie damit ausüben wollten, galt ebensosehr dem König selbst, wie dem leitenden Minister; Friedrich Wilhelm ließ sich auch darin, wie überall, mehr schieben, als daß er geschoben hätte.

Wie sehr sich die Bilder der Erinnerung in dem Buche des großen Staatsmannes verschoben und getrübt haben, zeigt uns ganz besonders die Erzählung von seiner Reise nach Putbus, mit der er die Epoche des Krimkrieges abschließt. Er knüpft sie an die Geschichte von dem Brief an den Kaiser von Oesterreich. Sie lautet wie folgt:

"Um eine ernstere, in den Verlauf der Dinge eingreifende Frage der Redaction handelte es sich im August 1854. Der König befand sich in Rügen; ich war auf dem Wege von Frankfurt nach Reinfeld, wo meine Frau krank lag, als am 29. August in Stettin ein höherer Postbeamter, der angewiesen war, auf mich zu fahnden, mir eine Einladung des Königs nach Putbus ausrichtete. Ich hätte mich gern gedrückt, der Postbeamte aber begriff nicht, wie ein Mann von altem preußischen Schlage sich einer solchen Aufforderung entziehen

wollte. Ich ging nach Rügen, nicht ohne Sorge vor neuen
Zumuthungen, Minister zu werden und dadurch in unhaltbare
Beziehungen zum Könige zu gerathen. Der König empfing
mich am 30. August gnädig und fehlte mich vor einer vorliegenden Meinungsverschiedenheit über die durch den Rückzug
der Russen aus den Donaufürstenthümern entstandene Situation in Kenntniß. Es handelte sich um die Depesche des
Grafen Buol vom 10. August und einen von Manteuffel vor-
gelegten Entwurf einer Antwort, den der König zu öster-
reichisch fand. Auf Befehl machte ich einen anderen Entwurf,
der von Sr. Majestät genehmigt und nach Berlin geschickt
wurde, um im Widerspruch mit dem leitenden Minister zunächst an den Grafen Arnim in Wien gesandt und dann den
deutschen Regierungen mitgetheilt zu werden. Die durch Annahme meines Entwurfs bekundete Stimmung des Königs
zeigte sich auch in dem Empfang des Grafen Brandendorf, der
mit Briefen und mündlichen Aufträgen in Putbus eintraf,
und den ich mit der Nachricht hatte empfangen können, daß
die Engländer und Franzosen in der Krim gelandet seien.
„Freut mich,' erwiderte er, ,da sind wir sehr stark.' Es wurde
russische Strömung. Ich glaubte, politisch meine Schuldigkeit
gethan zu haben, hatte schlechte Nachrichten von meiner Frau
und bat um die Erlaubniß abzureisen. Sie wurde mir ba-
durch verweigert, daß ich auf das Gefolge übertragen
wurde, ein hoher Gunstbeweis. Gerlach warnte mich, ihn
nicht zu überschätzen. ,Bilden Sie sich nur nicht ein,' sagte
er, ,daß Sie politisch geschickter gewesen und als wir. Sie
sind augenblicklich in Gunst, und der König schenkt Ihnen
diese Depesche, wie er einer Dame ein Bouquet schenken würde.'
    Wie wahr das war, erfuhr ich sofort, aber in vollem
Umfange erst später nach und nach. Als ich darauf bestand,
abzureisen und in der That am 1. September abreiste, erfolgte
eine ernste Ungnade des Königs; mir wäre meine Häuslichkeit
doch mehr werth als das ganze Reich, hatte er zu Gerlach
gesagt. Aber wie tief die Verstimmung gegangen war, wurde
mir erst während und nach meiner Pariser Reise klar. Mein

verfällig aufgenommener Depeschen-Entwurf wurde telegraphisch angehalten und dann geändert."

Nach dem, was wir über die früheren Reisen wissen, muß es uns äußerst Wunder nehmen, daß Bismarck im August das königliche Hoflager so ängstlich gemieden haben soll, wohin es ihn früher so sehr gedrängt hatte, und wo auch jetzt wieder Fragen von größter Wichtigkeit, und die ihn leidenschaftlich erregten, zur Verhandlung standen [1]). Seine Unruhe mußte gerade damals noch vermehrt werden durch einen Brief Niebuhr's aus Putbus vom 22. August [2]), worin der Cabinetsrath in seiner salbungsvollen Manier, sonst aber in Bismarck's Sinn über die fortgesetzte Theilnahme Preußens an den Wiener Conferenzen Klage führte und mit unverkennbarer Anspielung auf den König als ihren wahren Grund die kindische Furcht bezeichnete, „aus dem Concert européen hinaus gedrängt zu werden" und „die Stellung als Großmacht zu verlieren". Bismarck wird diesen Brief noch in Frankfurt vor der Abreise am 25. erhalten haben, und mit ihm möchte ich denjenigen in Verbindung bringen, den er gleich nach seiner Ankunft in Berlin am 26. August an Gerlach richtete:

---

[1]) „Aber das Unbehagen darüber macht mich mitunter ehrgeizig, ich möchte nur auf sechs Monate das Ruder in der Hand haben, um dem Hangen und Bangen in schwebender Pein ein Ende zu machen." so schreibt er seinem Bruder am 5. August.

[2]) Von Bismarck zuerst mitgetheilt S. 104.

"Verehrtester Freund," so beginnt er: „Wir haben in Frankfurt zwei Sitzungen ausgesetzt, und die dadurch bis zum 13. September gewonnene Zeit benutze ich, um einmal zu sehn, was meine Frau in Reinfeld macht. Manteuffel ist abwesend und hat mir sagen lassen, daß ich ihn morgen, Sonntag, Abends hier erwarten möchte. Vor Montag kann ich also meine Reise nicht fortsetzen. Es heißt hier, Manteuffel würde an selbigem Tage nach Putbus gehen; ich würde ihn begleiten, wenn ich es wagte, ungerufen die geheiligten Haine zu betreten; indessen bleibt mir die Aussicht, bei meiner Rückkehr Sr. Majestät aufwarten zu dürfen, wo Allerhöchstdieselbe, wie ich höre, wieder hier sein werden, in 13 bis 14 Tagen. Vielleicht schreiben Sie mir über diesen Punkt einige Worte nach Reinfeld (bei Zuckers in Pommern), wenn Ihre Muße es erlaubt." Von der Krankheit seiner Gemahlin sagt Bismarck nichts, auch in anderen Briefen nicht; es liegt hier in den Memoiren wohl eine Verwechselung mit seinen Kindern vor, die im Herbst auf der Rückreise sehr krank wurden und daher mit der Mutter in Pommern bleiben mußten[1]). Gerlach verstand den Wink; gleich am

---

[1]) Zuerst meldet er es Gerlach am 9. (S. 168), dann am 13. October von Herbert: „Er war in Pommern schwer erkrankt, ist mit Gottes Hülfe außer Gefahr, aber die Rückkehr meiner Frau hierher ist dadurch um mehrere Wochen hinaus geschoben, und ich noch immer Strohwittwer" (S. 169). Vergl. S. 174, 177 (25 October): „Meine Frau wird hoffent-

Bing. Zur Kritik   4

nächsten Tage antwortete er: „Soeben erhalte ich Ihren Brief vom 26. aus dem Hôtel des Princes. Ich antworte Ihnen in höchster Eile, um Sie auf Befehl Sr. Majestät des Königs dringend einzuladen, mit dem Minister Manteuffel hierher zu kommen. Alvensleben ist auch hier. Ich werde Alles anwenden, ihn bis Mittwoch zu halten. Nach Ihrem Briefe, der die Absichten Oesterreichs immer klarer macht, ist es von größter Wichtigkeit, daß unsere Politik recht klar festgestellt wird. Nach Pommern zu kommen, haben Sie Zeit genug. Jedenfalls kommen Sie, wenn dieser Brief Sie nicht mehr in Berlin treffen sollte, von Reinfeld hierher, aber es ist viel besser, daß Sie jetzt kommen. Ihr treu ergebener Leopold von Gerlach"[1]). Bismarck reiste am Montag ab, zunächst

—

lich Ende dieser Woche aus Pommern abreisen können. Die Kinder sind recht krank gewesen." Frau von Bismarck erkrankte im März 1855 an einer Halsentzündung (ebenda S. 208, 212).

[1]) Nachträglich fand ich in der Correspondenz des Grafen Prokesch-Osten (1896, S. 390), daß Bismarck schon in Frankfurt die feste Absicht erhabt hat, nach Putbus zu gehen — Auch die Reise im Januar 1855 haben Bismarck und Gerlach mit einander vorbereitet Und ebenso möchte ich annehmen, daß auch die dann folgende Einladung nach Berlin im Mai 1855 auf den eigenen Wunsch Bismarck's, bezw. den Gerlach's zurückzuführen ist Vgl seinen Brief an Gerlach vom 8. Mai (222): „Sie sagen mir ganz kühl, ich möchte auf ein paar Tage nach Berlin kommen, als wenn das so von meinem Belieben abhinge ... Was würde mein Chef dazu

nur bis Kröchlendorf zu Arnims, wo er die Nacht blieb. Seine Eile, nach Hinterpommern zu kommen, war also nicht sehr groß. Auch bei seinem Bruder in Naugard wollte er, wie er wenigstens Gerlach am 26. geschrieben hat, noch einkehren. In Stettin wird ihn dann wohl der Brief des Generals eingeholt haben. Nun zögerte er keinen Moment, Folge zu leisten; wahrscheinlich über Stralsund fahrend¹), kam er am 30. Morgens, wie Gerlach bestätigt, in Putbus an, wo er gleich um 12 Uhr mit ihm, Alvensleben und beiden Manteuffel zur Conferenz bei dem König befohlen wurde. Nach den „Erinnerungen" müßte man annehmen, daß der Ministerpräsident in Berlin geblieben wäre; in Wahrheit war er aber, wie Gerlach sagt und

---

lagen, wenn ich plötzlich ungerufen bei ihm einträte! Sonst recht gern." Tags Gerlach's Brief vom 24. April (Jahrbuch, Bd. II, S 196) Nach Petzinger, Bd II, S 224, telegraphirte ihn Manteuffel allerdings schon am 8 Mai herbei, wonach sich Brief und Telegramm gekreuzt haben müßten; vielleicht aber ist hier ein Irrthum in den Daten anzunehmen. Die Depesche, in der Bismarck seine Ankunft meldet, ist erst vom 9 Mai (ebenda und Gerlach, Tagebuch S 310). Sogar die Reise nach Letlingen Ende October 1854 scheint fast in dem Briefe Bismarck's vom 18. October (174) ihre Ursache zu haben. Dasselbe gilt vielleicht auch noch von späteren Reisen. Vergl. Gerlach an Bismarck, 1. Mai 1860 (Jahrbuch, Bd. IV, S. 160).

¹) Mit der Post; die Neuvorpommersche Bahn war noch nicht gebaut. Auf diesem Wege fuhr auch Leuckendorf am Tage darauf (Zeitungsnachricht)

die Zeitungen bestätigen, schon am 28 August auf
Rügen angelangt. In den Conferenzen handelte
es sich keineswegs um Buol's Depesche „vom
10. August", die Bismarck hier wohl nur aus
Sybel's Buch aufgenommen hat; denn das Programm der „vier Punkte", für das Buol bei
Preußen eingetreten, war in Berlin seinem Inhalte nach schon in der ersten Augustwoche bekannt
gewesen und dort von dem König mit Bismarck
und den Andern berathen worden. Ende August
waren die Dinge schon viel weiter entwickelt, oder
sie hatten sich eigentlich wieder herumgedreht; denn
der König war aufs Neue in Angst gerathen und
trug sich mit der Idee, den casus foederis neu
aufzustellen, also, wie Gerlach klagt, „einen neuen
article unique an die Stelle des Gott sei Dank
veralteten zu setzen." „Ich denke nicht daran,"
äußerte der Monarch, „Rußland beizustehen, und
will nicht in Krieg mit Frankreich und England
verwickelt werden." Mit Manteuffel war Gerlach
in dieser Zeit sehr zufrieden, wie er ihm das ausdrücklich erklärte. Nicht also eigentlich zur Territion des Ministers, sondern zu der des Königs
wünschte er Bismarck herbei; die Strömung wurde
nicht erst durch Bismarck russisch, sondern sie war
es unter den Rathgebern des Königs schon vor
seiner Ankunft und verstärkte sich nur durch ihn
soweit, um Friedrich Wilhelm von der Neigung
zu Oesterreich wieder abzubringen; und Bismarck
war diesmal nicht bloß mit der Camarilla einig,

sondern auch mit Manteuffel, der sich nach Gerlach's Zeugniß sehr geschickt durch die königlichen
Befehle, einen neuen Additional-Artikel zu verhandeln, hindurch geholfen hatte, wenn er auch
freilich ein unsicherer Cantonist blieb.

Richtig ist wieder die Angabe über die Ankunft
Benckendorf's, der mit Depeschen und Briefen aus
Petersburg eintraf; Gerlach meldet sie zum 31.
Was Bismarck aber von seiner Ansprache an den
russischen Freund über die Landung in der Krim
sagt ist handgreiflich falsch: Die englisch-franzö-
sische Flotte lichtete erst am 5. September in
Varna die Anker, und die Landung erfolgte am
14.; das Gespräch kann sich höchstens um die
Aussicht der Landung und der Belagerung Sebasto-
pols gedreht haben. Da bisher kein Satz dieses
Abschnittes stehen geblieben ist, so müssen wir ge-
rechte Bedenken an der Pointe des Ganzen, der
Furcht Bismarck's vor dem Ministerpräsidium und
der Ungnade des Königs wegen der raschen Abreise
des Gesandten, hegen. Als Bismarck fort reiste,
fuhr Gerlach mit ihm auf demselben Dampfer bis
Swinemünde, wo Bismarck sich von dem Gefährten
trennte, um zu seiner Familie zu gehen, während
der General über Stettin nach seinem Gut Rohr-
beck bei Schwedt fuhr. Nachdem die Conferenz so
einmüthig geschlossen hatte, gab es für die Herren
in Putbus nichts mehr zu thun. Der König blieb
noch einige Tage dort, besuchte den Kieköver, das
Jagdschloß und den Rugard, und fuhr dann über

Dobberan heimwärts zu den Manövern. Der Minister selbst war schon vor Bismarck abgereist, und Gerlach bemerkt bereits am 27. August: „Ich habe hier eigentlich wenig zu thun und kann mit gutem Gewissen, wenn Manteuffel hier gewesen, gehen. Selbst Dohna würde es mir erlauben." Daß der König von dem abreisenden Gesandten in seiner sarkastischen Art jenes Wort gesagt habe, kann man immerhin annehmen, sowie auch Gerlach's Witz über eine Depesche als Bouquet wohl mal gefallen sein wird; aber die Annahme von der schweren und dauernden Ungnade des Königs dürfen wir, für diesmal wenigstens, getrost als irrthümlich streichen.

Wenn ich recht vermuthe, liegt in Bezug auf die Depesche eine Verwechselung vor mit einer Arbeit, die Bismarck kurz darauf, als er während des Manövers am Hofe war, zu übernehmen hatte. Wieder ist es Gerlach, der uns in seinem Tagebuch darüber Aufschluß gibt. Der König hatte wieder mal einen Seitensprung durch neue „Briefe" an Franz Josef, in denen er ihm abermals Annahme der vier Punkte angeboten, gemacht, über den jetzt auch Manteuffel ergrimmt war. Bismarck erhielt nun durch den Minister selbst, der also mit der Partei ging, den Auftrag, neue österreichische Depeschen zu beantworten; darüber conferirte er mit Gerlach am 18. September Abends in Königs-Wusterhausen, in dessen Nähe die Manöver waren, und wo der König an dem Tage ein militärisches

Diner gegeben hatte. Als der General am 19. Abends nach Sanssouci zurückkam, fand er den Freund noch dort. Man sieht, wie wenig von einer Ungnade des Königs gegen Bismarck gerade in dieser Zeit die Rede fein kann. Die Depesche, deren Inhalt Gerlach angibt, ist offenbar die an Graf Arnim in Wien vom 21. September (Jasmund I, 363), ein Actenstück, welches sich, wie es mir scheint, durch feine bestimmte Sprache und klare Gliederung vortheilhaft vor anderen Schriftsätzen aus der Kanzlei Manteuffel's auszeichnet.

—

Die hier besprochenen Abschnitte enthalten das specifisch Memoirenhafte in den drei dem Krimkriege gewidmeten Capiteln, die thatsächlichen Erinnerungen, die unser großer Staatsmann aus jener Zeit seines Wirkens festgehalten zu haben glaubte. Es bleibt von ihnen, man kann fast sagen nichts übrig: weder die Thatsachen noch die Parteiauffassung hielten vor der Controle Stich, und die Pointen, die er seinen Erzählungen gibt, stellen die Wirklichkeit zuweilen geradezu auf den Kopf. Man wird, wie ich hoffe, von mir nicht vermuthen, daß ich damit einen Vorwurf gegen die Wahrhaftigkeit des unvergleichlichen Mannes erheben will. Ich habe nur an ein paar Beispielen feststellen wollen, daß dreißig bis vierzig Jahre eines rastlos thätigen und immer neu sich entfaltenden Lebens hingereicht haben, um das Gedächtniß des Erzählers an jene Begebenheiten der jungen Jahre zu trüben und Tendenzen hinein zu mischen, die aus späteren Anschauungen hervorgingen. Bismarck's Aufzeichnungen theilen damit nur das Schicksal, welches eine eindringende Kritik bisher noch allen Memoiren bereitet hat. Es ist falsche Pietät, wenn man die „Gedanken und Erinnerungen" des greisen Fürsten wie ein Evangelium betrachtet, an dem kein Tittelchen zu ändern und jedes Wort zu glauben sei. So hat es Kohl in seinem jüngst erschienenen „Wegweiser" gemacht, indem er zur Erhärtung seines Bibelglaubens zwei Beispiele für das wunderbare Gedächtniß seines Helden anführt, wie sie an sich undenkbar wären, durch unsere Ergebnisse aber als völlig absurd bewiesen werden. Bucher's Urtheil über die Vergeßlichkeit und die Verwirrung in den Erzählungen des Fürsten findet auf diese Abschnitte volle Anwendung. Allerdings tritt der fragmentarische Charakter des Buches, über den schon Bismarck's Mitarbeiter gegen Busch Klage führte, nirgends mehr hervor als in diesen drei Capiteln, die, das darf man wohl ohne die Pietät zu verletzen, sagen, zu den wenigst interessanten Partien des Ganzen gehören. Nirgends ist die Chronologie so durch einander gerathen, sind die Wiederholungen so zahlreich und der Mangel an Disposition so hervorstechend; man sieht recht deutlich, wie es ursprünglich mündliche Erzählungen gewesen sind, die dann von den Redactoren nach Bucher's Stenogramm nothdürftig zusammengeflickt wurden. Es sind im Ganzen bei-

nah 60 Seiten, aber mehr als ein Drittel davon
ist ausgefüllt durch Brief- und Actenfragmente,
die wir mit zwei Ausnahmen alle in vollständigeren
Sammlungen besitzen. Die geschilderten Situationen können uns schon jetzt überall durch die
echtesten Quellen, die unvergleichlich viel reicher
und lebendiger sprudeln, Bismarck's eigene Briefe
und diplomatische Berichte, und durch eine Fülle
anderer Zeugnisse gegenwärtig gemacht werden.
Die Charakteristiken, die Bismarck von den Partei-
freunden und Gegnern entwirft, unter denen schon
hier die spätere Kaiserin stark hervortritt, sind
selbst nicht frei von Tendenz und dürfen jedenfalls
auch nicht von der Forschung einfach übernommen
werden. Und so bleibt als Grundsatz für diese
Capitel der Bismarck'schen „Gedanken und Erinnerungen" bestehen das, was auch für andere Memoiren
zu gelten pflegt: daß sie nur da, wo sie durch
andere und gleichzeitige Quellen bestätigt werden,
für die Historie verwendbar sind, wo sie aber allein
als Quelle vorliegen, nur mit Mißtrauen anzusehen sind.

II.

Nikolsburg.

— · — · —

Wir haben bisher einen Abschnitt behandelt, der von dem Horizont der Gegenwart und ihren Interessen schon recht entfernt liegt. Jetzt wende ich mich einem Capitel zu, das durch die Actualität und die Bedeutung seines Inhaltes wie durch die dramatisch sich steigernde Kraft der Erzählung die Leser des großen Werkes aufs Tiefste erregt hat und erregen muß, der Schilderung, die Bismarck von seinen Erfahrungen im Kriege gegen Oesterreich gibt, insbesondere von den Tagen in Nikolsburg, da er dem widerstrebenden König die Zustimmung zu dem Frieden entriß, der die Basis der preußischen Größe und des neuen Deutschlands werden sollte.

Den Widerstand, den seine Pläne fanden, schreibt er einem doppelten Einflusse zu. Zunächst den Generalen in der Umgebung des Königs, deren „Ressort-Eifersucht" er gelegentlich durch militä-

rische Rathschläge, die der König genehmigt, gereizt habe, und die ihrerseits seine politischen Be-
rechnungen durch ihren kriegerischen Ehrgeiz gekreuzt hätten. Allen Generalen, sagt er, wäre in
Nikolsburg die Abneigung gemeinsam gewesen, den
bisherigen Siegeslauf abzubrechen, und der König
wäre ihren Ansichten zugänglicher gewesen als den
seinigen. Man habe ihm in diesen Kreisen den
wenig schmeichelhaften Beinamen des „Questenbergs
im Lager" gegeben. Den Keim zu diesen Con-
flicten zwischen der von ihm vertretenen Staats-
politik und der „militärischen Ressortpolitik" er-
blickt er in einem an sich unbedeutenden Vorfall,
der sich gleich in dem ersten Quartier auf böh-
mischem Boden, zu Reichenberg zugetragen hatte.
Diese Stadt, die man Abends erreicht, habe 1800
Gefangene beherbergt und sei nur von 500 preußischen
Trainsoldaten mit alten Carabinern besetzt gewesen;
wenige Meilen davon habe die sächsische Reiterei
gelegen, die in einer Nacht Reichenberg hätte erreichen und das Hauptquartier aufheben können.
Er habe sich darum erlaubt, den König hierauf
aufmerksam zu machen, und es sei befohlen worden,
daß die Trainsoldaten sich einzeln und unauffällig
nach dem Schlosse begeben sollten, wo der König
Quartier genommen habe. Die Militärs seien
über diese seine Einmischung empfindlich geworden,
und um ihnen zu beweisen, daß er um seine
Sicherheit nicht besorgt sei, habe er das Schloß,
wohin Se. Majestät ihn befohlen, verlassen und

kein Quartier in der Stadt behalten. Wir haben
aber diese Thatsache eine Reihe guter Berichte, die
sie im Allgemeinen bestätigen, in den Einzelheiten
freilich davon abweichen Man kam bereits gegen
6 Uhr in Reichenberg an. Es waren nur 1100
Gefangene, darunter 400 Italiener; und die Nachricht von der Nähe feindlicher Truppen war ver-
breitet, gehörte aber zu den leeren Gerüchten,
welche die Luft durchschwirrten, als das Große
Hauptquartier in Reichenberg eintraf. Schneider
erzählt davon in seinen „Erinnerungen" und im
„Leben Kaiser Wilhelm's". Man sprach davon,
daß österreichische Truppen in den benachbarten
Bergen steckten, daß ein Ueberfall beabsichtigt sei
und der König ermordet werden solle, daß die
Verbindung mit dem Hauptquartier unterbrochen
sei; man erzählte sich von den Feindseligkeiten
und Barbareien der Böhmen: preußische Soldaten
wären vergiftet, andere in einen Spirituskeller
gelockt, die eiserne Thür verschlossen und der
Spiritus in Brand gesteckt worden. Auch Bismarck schrieb seiner Gemahlin am folgenden Tage
aus Schloß Sichrow von solchen angeblichen
Greuelthaten, die damals in Preußen allgemein
geglaubt wurden. Die ganze Reise wäre gefähr-
lich gewesen; die Oesterreicher hätten, wenn sie
Cavallerie von Leitmeritz geschickt hätten, den König
und sie alle aufheben können. Briefe Roon's und
Moltke's an ihre Gemahlinnen vom 1. und vom
2. Juli belehren uns, daß die Generale jene Be-

sorgniß kaum theilten. Roon spricht gar nicht davon; Moltke erwähnt sie kurz mit den Worten: „Es herrschte einige Besorgniß wegen feindlichen Ueberfalls bei Nacht, und außer der Stabswache biwakirte ein Bataillon auf dem grünen Rasen." Von der Stabswache, die aus vier Zügen gemischter Cavallerie, dazu auch Infanterie bestand, berichtet dasselbe Schneider. Daß Bismarck ängstlicher gewesen ist als die Generale, sieht man aus einem Briefe Abeken's aus Sichrow, der von seiner gestörten Nachtruhe in Reichenberg schreibt: Um 11¹⁄₂ Uhr, als er gerade höchst behaglich im Bett gelegen, sei Keudell herein gekommen, ihm zu sagen, er gehe nach dem Bahnhof, um zu sorgen, daß die Pferde gesattelt blieben, weil der Minister sehr ängstlich sei, daß ein Handstreich vom Feinde versucht werden möge, um den König zu fangen; es könne plötzlich Alarm geblasen werden, und wir müßten fort. Abeken hatte sich dann geschwind angezogen, Alles zugeschlossen und sich mit den Kleidern auf das Bett gelegt, um auf jeden Wink bereit zu sein; am folgenden Morgen hatte der Minister ihm gesagt, daß er gut gethan habe, denn er habe dem König versprochen, daß der Geheimrath mit dem Depeschenkasten beim ersten Alarm gleich zu ihm aufs Schloß kommen solle. Hiernach mögen jene Anordnungen wohl auf Bismarck's Anregung zurückzuführen sein. Daß seine Besorgnisse unbegründet waren, brauche ich kaum zu sagen: an jenem Abend, vierundzwanzig Stunden nach Gitschin, waren die Oesterreicher und Sachsen schon im vollen Marsch nach der Bistriz begriffen und über 50 Kilometer östlich von Reichenberg.

Eine zweite Differenz mit der Generalität berichtet Bismarck vom 12. Juli aus dem Kriegsrath, der in Czernahora gehalten wurde. Es habe sich da um den Angriff auf die Floridsdorfer Linien gehandelt, und er sei es gewesen, auf dessen Rath der König sich für die Viertelschwenkung links nach Preßburg entschieden habe, die dann, wenn auch scheinbar widerstrebend, in Angriff genommen sei. Bismarck bringt diesen Rath in Verbindung mit einer weit ausschauenden politischen Berechnung. Er habe in der Voraussicht, daß Preußen die Errungenschaften dieses Feldzuges in ferneren Kriegen, wie Friedrich der Große Schlesien, vertheidigen müsse, daß ein französischer Krieg auf den österreichischen folgen werde, und daß man auch Rußlands in Zukunft keineswegs sicher sein könne, von vornherein die Schonung der österreichischen Macht angestrebt und Alles vermeiden wollen, was die Stimmung bei unseren Gegnern unversöhnlich machen müsse. In dieser Erwägung habe für ihn ein politischer Grund gelegen, einen triumphirenden Einzug in Wien, nach napoleonischer Art, eher zu verhüten als herbeizuführen. Der siegreiche Einzug des preußischen Heeres wäre für unsere Militärs natürlich eine befriedigende Erinnerung gewesen, für unsere Politik aber kein Bedürfniß;

in dem österreichischen Selbstgefühl hätte er gleich jeder Abtretung alten Besitzes an uns eine Verletzung hinterlassen, die, ohne für uns ein zwingendes Bedürfniß zu sein, die Schwierigkeit unserer künftigen gegenseitigen Beziehungen unnöthig gesteigert haben würde.

In der Kritik dieses Punktes kann ich mich bereits auf die jüngste große Darstellung des Krieges durch Oberst von Lettow-Vorbeck stützen, der mit Recht darauf aufmerksam macht, daß dieser Rath in Czernahora noch gar nicht gegeben sein kann, zu einer Zeit, da die Spitzen der preußischen Armee erst bis Brünn gekommen und viel näher liegende Sachen zu beschließen waren als der Uebergang über die Donau (Bd. II, S. 651). Wir wissen von jenem Kriegsrath, der auf der Terrasse des schön gelegenen Schlosses stattfand, aus einem Bericht Benedetti's, und es ist wohl sicher, daß darin die dreitägige Waffenruhe berathen worden ist, die der König auf das Drängen Benedetti's unmittelbar danach durch den französischen Botschaftssecretär, Mr. Lefebvre de Behaine, den Oesterreichern anbieten ließ[1]. Unter den

---

[1] Rothan, La politique française en 1866, p. 254. Der König kündigte dies dem Grafen Benedetti gleich nach dem Kriegsrath an. — Harcourt, Les quatre ministères de M. Drouyn de l'Huys, der hier ebenfalls aus Benedetti's Briefen schöpft, sagt es ausdrücklich (S. 272). Vergl. Roon an seine Gemahlin, Czernahora 13. Juli.

Generalen müßte man natürlich in erster Linie an Moltke und Roon denken. Aber von Jenem gibt Bismarck in dem Telegramm, das er an Golz am 17. Juli sandte, ausdrücklich an, er sei nach Lage der Dinge in Paris mit ihm einig, nicht nach Wien zu gehen, und hoffe auf Genehmigung des Königs; es sei nur ein Vordringen bis an die Donau unter Bedrohung Wiens beabsichtigt, um dort die durch Hoffnung auf französische Hülfe gekräftigte Neigung zu weiteren Kämpfen zu überwinden. Und von Roon haben wir einen Brief aus Czernahora vom 13. Juli, worin er sich gar nicht kriegerisch ausdrückt. Der König, schreibt er, sei gestern angegriffen und beunruhigt gewesen durch die französische Einmischung: „Bismarck ist dies nicht; er hofft auf einen baldigen ehrenvollen Frieden. Wir müssen freilich nicht unbescheiden sein, sonst greift der Brand weiter, und wir sind durch die gemachten Anstrengungen in kurzer Zeit auch etwas erschöpft. Die Dinge gingen zu rasch, der Verbrauch der Mittel war zu rapide ... Gott helfe zum Besten, sei es Friede, sei es Fortsetzung des Krieges." Bismarck selbst gibt ein Zeugniß für die vorsichtige Haltung Moltke's durch das, was er von der Antwort erzählt, die derselbe ihm auf seine Frage, was man thun müsse, wenn Frankreich marschire, gegeben habe: Man müsse, habe er erwidert, bis an die Elbe zurückgehen und sich hier in der Defensive halten, inzwischen

den Krieg gegen Frankreich führen[1]). Dies Gutachten habe ihn dann in seinem Entschlusse bestärkt,
Sr. Majestät den Frieden auf der Basis der terri-
torialen Integrität Oesterreichs anzurathen. Er
verlegt das Gespräch wieder nach Nikolsburg; aber
schon Lettow-Vorbeck bemerkt sehr richtig, daß es
gleich nach der Ankunft Benedetti's, ich denke eben
in Czernahora, anzusetzen ist, und es paßt nach
Allem nur in diese erste Zeit, wo man wirklich
die Einmischung Frankreichs fürchtete. Daß Bismarck sich später, als man vor der Donau stand,
für den Uebergang bei Preßburg ausgesprochen
hat, ist möglich. Der Gedanke lag ja unter dem
bloß strategischen Gesichtspunkt nahe genug und
ist darum auch ernstlich in Erwägung gezogen
worden. Angenommen ist er aber, wie aus dem
Armeebefehl vom 19. Juli, den Bismarck selbst
citirt, hervorgeht, nicht: man befürchtete damals
noch, daß der Feind aus den Floridsdorfer Verschanzungen mit 150000 Mann offensiv hervor-
brechen könnte. Man strebte daher zunächst nur
die Concentration des Heeres hinter dem Rußbach
an, der bei der Donau parallel das Marchfeld durch-
schneidet; demnächst sollte es entweder den Angriff
auf die Floridsdorfer Verschanzungen unternehmen
oder unter Zurücklassung eines Observationscorps
gegen Wien nach Preßburg abmarschiren; zur

---

[1]) S. XX. Ebenso hat Bismarck Herrn von Lettow 1895
erzählt (a. a. O. S. 596).

Vorbereitung dieser Alternative aber ward ein überraschender Angriff auf letztere Stadt in Aussicht genommen [1]).

Mehr noch als den Einfluß der „militärischen Reffortpolitiker", die in den eigenen kriegerischen Neigungen des Königs eine Stütze gefunden hätten, macht Bismarck für die Hemmungen seiner Politik den dynastischen Ehrgeiz seines königlichen Herrn selbst verantwortlich, dessen Annexionsgelüste er kaum habe mäßigen können. König Wilhelm sei von der Vorstellung beherrscht gewesen, daß die deutschen Fürsten, die er im gerechten Kampf besiegt, eines Theils ihrer Besitzthümer beraubt werden müßten; es dürfe keiner von ihnen ungestraft ausgehen: Oesterreich, Sachsen und Bayern müßten ebenso sehr daran glauben wie die Anderen, die Krieg gegen ihn erhoben hätten. Von sich selbst sagt Bismarck wiederholt aus, daß er auf die Annexionen weniger Werth gelegt habe als auf die Ausgestaltung der Bundesverfassung, aber andererseits betont er — was damit ja wohl vereinbar ist —, daß er es für viel wichtiger angesehen habe, die Fürstenhäuser, welche geschädigt werden sollten, lieber ganz von der Scene verschwinden zu lassen, als sie durch die Verstümmelung ihres Besitzes zu unzufriedenen, zur Rheinbündlerei geneigten Bundesgenossen zu gewinnen.

Als den leitenden Gesichtspunkt seiner Politik und der Anträge, die er dem Könige gemacht habe, bezeichnet er die Herstellung oder Anbahnung deutsch-nationaler Einheit unter Leitung des Königs von Preußen. Die Bedingungen, die er in den Verhandlungen mit Karolyi und Benedetti erreicht, Austritt Oesterreichs aus dem Bunde und Anerkennung seinerseits aller Einrichtungen, die Preußen in Norddeutschland treffen werde, eingeschlossen die Annexionen bis zu vier Millionen Einwohnern und vorbehaltlich der Integrität Sachsens, hätten Alles geboten, dessen wir bedurften: freie Bewegung in Deutschland. Es ist der Gegensatz zwischen preußisch-dynastischem Particularismus und deutsch-nationaler Politik, den er ausmalt. Er hat sich in sorgsamer Ueberlegung ein Bild der deutschen Zukunft entworfen. Sie steht ihm so vor Augen, wie sie sich später gestaltet hat: festes, durch gegenseitiges Vertrauen getragenes Verhältniß zwischen der hegemonischen Krone Preußen mit seiner gewaltig verstärkten Hausmacht und den verbündeten Dynastien, die im Vollbesitz ihrer Länder bleiben, und dazu ein enges, herzliches Einverständniß zu den Besiegten, Oesterreich voran, das eben nur seine rivalisirende Stellung in Deutschland aufgeben muß. Die Nation soll fortan frei athmen können, der alten Vormacht aber in treuer Freundschaft verbunden bleiben. Da stößt er nun auf den Widerstand der Militärs, der unverantwortlichen Rathgeber, die

5*

sich für den Ausfall auf irgend eine andere Autorität in Gestalt collegialischen Beschlusses oder höherer Befehle berufen können, und auf den des Königs selbst, der sich von dem kriegerischen Eifer der Generale hat anstecken lassen und überdies Alles vom Standpunkt seines Hohenzollernbewußtseins anzusehen gewohnt ist. Er, Bismarck, ist der Einzige im Hauptquartier, dem eine politische Verantwortlichkeit als Minister obliegt, der gesetzlich verpflichtet ist, eine Meinung zu haben, zu äußern und zu vertreten. Es kommt zu dem Kriegsrath am 23. Juli auf seinem Zimmer, an das er, von einem Anfall seiner alten Krankheit heimgesucht, gefesselt ist. Er bleibt mit seiner Ueberzeugung, daß auf die österreichischen Bedingungen der Friede geschlossen werden müsse, allein; der König tritt der Mehrheit bei: mitten im Hafen droht seine Politik zu scheitern! Seine Nerven widerstehen nicht mehr; schweigend steht er auf, geht in sein anstoßendes Schlafzimmer und wird dort von einem heftigen Weinkrampf befallen. Während desselben hört er, wie im Nebenzimmer der Kriegsrath aufbricht. Nun macht er sich an die Arbeit, seine Gründe für den Friedensschluß zu Papier zu bringen, und fügt die Bitte bei, der König möge ihn, wenn er diesen seinen verantwortlichen Rath nicht annehmen wolle, seiner Aemter als Minister bei Weiterführung des Krieges entheben. Mit diesem Schriftstück begibt er sich am nächsten Tage zu dem hohen Herrn und entwickelt ihm noch einmal alle seine Motive; die ganze Zukunft Deutschlands, die Politik, in der er das neue Reich geleitet hat, stellt er dem Widerstrebenden vor Augen. Es ist Alles umsonst. Der König bleibt in dem engen Kreise seiner dynastischen Politik. In sein Zimmer zurückgekehrt, findet sich Bismarck in einer Stimmung, daß der Gedanke ihm nahetritt, ob es nicht besser sei, aus dem offenstehenden, vier Stock hohen Fenster zu fallen, und er sieht sich nicht um, als er die Thür öffnen hört, obwohl er vermuthet, daß es der Kronprinz sei, der bei ihm eintritt. Er fühlt die Hand des Thronfolgers auf seiner Schulter, des alten Gegners, der sich dem Kriege widersetzt hat, jetzt aber ihm seine Hülfe anbietet. Und nach einer kleinen halben Stunde kommt der edle Fürst zurück mit der Nachricht, daß sein Vater nachgegeben habe, und mit jenem Marginale, in das der König das Wort von dem „schmachvollen Frieden" gesetzt hat, den er nach so glänzenden Siegen der Armee zu seinem Schmerze gezwungen sei anzunehmen, da sein Ministerpräsident ihn vor dem Feinde im Stiche gelassen und er hier außer Stande sei, ihn zu ersetzen, sein Sohn aber sich der Auffassung des Ministerpräsidenten angeschlossen habe.

Bekanntlich wurde in Nikolsburg nur mit Oesterreich abgeschlossen; die deutschen Gegner durften erst in Berlin um Gnade bitten. Als der Minister von der Pfordten unvermuthet in Nikolsburg eingetroffen war, empfing ihn Bismarck mit

den Worten: ob er nicht wisse, daß er als Kriegs-
gefangener behandelt werden könne? Nach den
„Gedanken und Erinnerungen" war auch daran
nur der Widerstand des Königs schuld, der von
der Annexion des fränkischen Hohenzollernlandes
nicht ablassen wollte; deshalb habe Bismarck den
bayrischen Minister fortschicken müssen. Ja, wir
könnten nach seinen Memoiren beinahe annehmen,
daß Bismarck den König erst in Berlin von dem
Gedanken abgebracht habe, mit Hannover und
Hessen auf der Basis der Zerstückelung dieser Länder
und des Bündnisses mit den früheren Herrschern
als Theilfürsten eines Restes zu verhandeln (S. 72).

Die Verhandlungen, die am 26. Juli zu den
Präliminarien von Nikolsburg führten, hatten
bereits am 5. Juli begonnen, mit dem Telegramm,
in dem der König seine Bereitwilligkeit erklärte,
auf die von Napoleon angebotene Vermittlung ein-
zugehen. In Bismarck's Erzählung drängt sich
dagegen fast Alles in die letzten Tage zu Nikolsburg zusammen. Er beginnt zwar auch mit dem
Telegramm Napoleon's vom 4. Juli¹), aber in dem
Abschnitt, in dem man von den Verhandlungen
mit Benedetti und der Pariser Regierung zu hören
erwartet, ist hiervon kaum die Rede; auch da wird
nur der Gegensatz zwischen der eigenen, deutsch-
nationalen und der dynastischen Politik seines

---

¹) Er sagt, es sei in der Nacht vom 4 zum 5. Juli eingetroffen; es kam aber erst am 5.

königlichen Herrn herausgehoben und direct in die Nikolsburger Conferenzen, die den nächsten Abschnitt ganz ausfüllen, hinüber gegriffen. Man erkennt in den klaffenden Lücken und den unmittelbar sich folgenden Wiederholungen wieder das Bruchstückartige der Composition, das die Entstehung aus unzusammenhängenden Dictaten des Fürsten mit sich brachte.

Wie sehr sich ihm in der Erinnerung die Ereignisse zusammengeschoben haben, zeigt gleich der erste Satz, der die hochdramatischen Scenen in Nikolsburg einleitet, und der die Conferenzen mit Karolyi und Benedetti in einem Athem nennt. „Inzwischen," so schreibt Bismarck in lockerster Anknüpfung an das eben von ihm Erzählte, „hatte ich in den Conferenzen mit Karolyi und Benedetti, dem es, Dank dem Ungeschick unserer militärischen Polizei im Rücken des Heeres, gelungen war, in der Nacht vom 11. zum 12. Juli nach Zwittau zu gelangen und dort plötzlich vor meinem Bette zu erscheinen, die Bedingungen ermittelt, unter denen der Friede erreichbar war." Karolyi kam mit seinen Wiener Collegen, dem General von Degenfeld, Baron von Brenner und dem Grafen Kuefstein, am 22. Juli Abends 6 Uhr in Nikolsburg an. Benedetti, der seit dem 18 Abends nach Nikolsburg aus Wien zurückgekehrt war, wohin er aus Brünn am 15. Nachmittags gegangen war, hat an den nun folgenden Conferenzen gar nicht directen Antheil genommen; er hatte von Paris her ausdrücklich die Weisung empfangen, sich ihnen nach Möglichkeit fern zu halten und den Austausch von Noten und officiellen Mittheilungen zu vermeiden (Rothan, S. 263). Jene Angabe Bismarck's könnte also doch nur auf die Besprechungen zutreffen, die in die erste Zeit seines Aufenthaltes im preußischen Lager in Zwittau, Czernahora und Brünn fallen. Als er in dem Hauptquartier eintraf, hatte die preußische Armee eben erst die mährische Grenze überschritten und war im Vormarsch auf Brünn begriffen; es war die Zeit, wo Alles noch im Ungewissen war und Bismarck nicht wußte, ob er Krieg oder Frieden mit Frankreich haben würde; die Oesterreicher aber kamen, nachdem ihre Regierung principiell ihre Zustimmung, aus dem Deutschen Bunde zu weichen und Preußens Hegemonie in Norddeutschland zuzulassen, kundgegeben hatte.

Der französische Gesandte hatte Berlin, der telegraphischen Weisung seines Ministers gemäß, am 9. Juli Abends verlassen; am 10. übernachtete er zu Königinhof, am 11. kam er über das Schlachtfeld von Königgrätz; vergebens hoffte er in Pardubitz, in Hohenmauth das Hauptquartier einzuholen; erst in Zwittau erreichte er es, wo er in der Nacht zwischen 1 und 2 Uhr eintraf. Er ließ sich von den Schildwachen das Haus zeigen, in dem der Ministerpräsident untergebracht war, und entschloß sich, ihn noch in der Nacht zu überfallen. Sein Legationssecretär, Herr Lefebvre de Behaine,

der ihn anzumelden hatte, fand den Gewaltigen
am Schreibtisch, die Feder in der Hand und einen
Revolver zur Seite. So berichtet Rothan nach
dem Berichte Benedetti's selbst [1]. Sybel erzählt
dasselbe mit nur geringen Abweichungen und
hat vielleicht nur aus Rothan geschöpft. Offenbar
ist diese Erzählung derjenigen Bismard's vorzu-
ziehen; er selbst schreibt seiner Gemahlin am
16. Juli aus Brünn, daß er nach dreitägiger Ruhe
wieder ins Berliner Leben verfallen sei, bis zwei
Uhr auf, bis zehn geschlafen; und ebenso klagt
Roon am 17.: „Er ist unverbesserlich, arbeitet die
Nächte, weil er die halben Tage verschläft." Nur
weil er den Minister noch wachend fand, durfte
doch auch Benedetti es wagen, zu solcher Stunde
bei ihm einzutreten. Bismard entgalt ihm die
Zudringlichkeit nicht. Er mochte Ursache haben,
mit dem Vertreter des französischen Kaisers glimpf-
lich umzugehen. Ohne Weiteres begann er die
Verhandlung, die sich bis an den frühen Morgen
fortsetzte.

Mit Begier sucht man in Abelen's Briefen
nach einer Mittheilung über diese merkwürdige
Begegnung. Aber der schweigsame Geheimrath befriedigt unsere Neugier nicht; vorsichtig, wie immer,
gleitet er in dem Brief an seine Gattin vom nächsten

----

[1] S 245. Er spricht von zwei Revolvern. Vergl. aber
Bismard's Briefe an seine Gemahlin vom 2 und 11 Juli;
auch Sybel 265.

Tage darüber hinweg. Er bestätigt die Angabe Rothan's, daß der Minister den französischen Herren sein Quartier angeboten habe; Benedetti ward in Abeken's Zimmer untergebracht, während der Legationssekretär Reudell's Bett theilen mußte. Aber den Kern der Sache umschreibt Abeken mit der nichtssagenden Bemerkung: „Mit liebevollen Augen wird er nicht gerade angesehen; aber schaden soll er uns nicht und aufhalten auch nicht."

Benedetti habe, das ist Alles, was Bismarck davon erzählt, für die Grundlinie der napoleonischen Politik erklärt, daß eine Vergrößerung Preußens um höchstens vier Millionen Seelen in Norddeutschland, unter Festhaltung der Mainlinie als Südgrenze, keine französische Einmischung nach sich ziehen werde. „Er hoffte wohl," fügt er hinzu, „einen süddeutschen Bund als französische Filiale auszubilden." Lettow hat bereits auf die Unvereinbarkeit dieser Angabe mit einem Bericht Benedetti's vom 15. Juli aus Brünn hingewiesen, worin dieser das gerade Gegentheil von sich aussagt; der Minister, heißt es da, habe ihm gleich Anfangs die Annexion von Sachsen, Hessen und Hannover als eine Forderung bezeichnet, die durch die Opfer Preußens wie durch die Erfolge seiner Waffen völlig gerechtfertigt seien. „Ich habe mir darauf erlaubt, gleich zu erwidern, daß ich einen solchen Anspruch nicht als ernst betrachten könne, und ihn darauf aufmerksam gemacht, daß Europa sich nicht mehr in der Zeit Friedrich's des Großen

befände, wo man sich zu nehmen pflegte, was
Einem gefiel. Ich habe hinzugefügt, trotzdem er
sich bemühte, mich zu überzeugen, daß keine Macht
Grund hätte, Preußen in diesem Falle zu tadeln,
daß sie im Gegentheil alle durch einen solchen
Mißbrauch der Gewalt und des Sieges verletzt
sein würden"[1]. Es versteht sich, daß der Original-
bericht des Botschafters, der sich mit Allem, was
wir sonst von seinem Verhalten in diesen Tagen
wissen, deckt, den Erinnerungen Bismarck's vorzu-
ziehen ist. Uebrigens war die Rolle des Gesandten
auch in diesen Verhandlungen nur secundär; er
war ohne feste Instruction gekommen, nur mit der
allgemeinen Weisung, im preußischen Hauptquartier
dem ernsten Willen des Kaisers, auf Grund der
Cession Venetiens den Waffenstillstand herbeizuführen, Ausdruck zu geben; mit Paris ohne Verbindung, konnte er nur die Vorschläge Bismarck's
mit einer sehr reservirten Miene annehmen, im
Uebrigen aber sich auf gar nichts einlassen, da er
ja nicht wußte, wie seine Regierung sich zu der
großen Frage eigentlich stelle. Also hat Bismarck
die Bedingungen Napoleon's gar nicht von ihm er-
fahren, sondern aus Paris direct durch die Correspondenz, die er mit dem Vertreter Preußens am
Tuilerienhofe, mit dem Grafen von der Golz
führte. In dieser liegt mehr als irgendwo anders

---

[1] Benedetti, Ma mission en Prusse, p. 187. Vergl
a. Bettow-Morbeck, S. 698

der Schlüssel für das Verständniß seiner Politik. Von ihr also muß die Kritik seiner Angaben ihren Ausgang nehmen.

Wir sind zum Glück im Wesentlichen bereits in ihrem Besitz. Denn Sybel gründet seine Darstellung auf sie und hat die bedeutendsten Stücke in seinen Text wörtlich eingeflochten. Mag nun auch manche Lücke offen bleiben, so setzt sie uns doch in Verbindung mit anderen originalen Kundgebungen des Königs oder Bismarck's selbst und mit den rückhaltslosen und tiefdringenden Aufschlüssen, die uns die französischen Diplomaten aus ihren Portefeuilles gegeben haben, in den Stand, uns die Entwicklung des ganzen Handels und die Stellung der Parteien, Napoleon's und seiner Diplomatie wie diejenige König Wilhelm's und seines Ministers zu vergegenwärtigen.

Gleich das erste Actenstück, das Sybel mittheilt, die Aufzeichnung, die sich der König am 5. Juli nach Empfang des Telegramms Napoleon's vom Tage vorher gemacht hat, bezeichnet urkundlich genau die Höhe seiner damaligen Forderungen: „Annexion von Schleswig-Holstein; Suprematie über ganz Deutschland; Ersatz der Kriegskosten; Abdication der feindlichen Souveräne von Hannover, Kurhessen, Meiningen, Nassau zu Gunsten ihrer Thronfolger; Abtretung etwa eines böhmischen Grenzstriches, Ostfrieslands, der Erbansprüche auf Braunschweig." Zum Schluß nur die Frage: „oder abschlagen?" Also Festhalten an dem Pro-

gramm vom 10. Juni, an der deutschen Bundesreform unter preußischer Leitung, aber noch nichts
von ganzen Annexionen oder auch nur, von jenen
kleinen Forderungen abgesehen, weitere Ansprüche
auf Theilabtretungen der Gegner nördlich und
südlich vom Main. Nach Paris wurde davon
noch nichts mitgetheilt, weder an das französische
Cabinet noch auch an Golß. Der Brief des
Königs, den der Prinz Reuß, der gern gesehene
Habitué in den Cirkeln der Kaiserin, am 7. Juli
nach Paris überbringen mußte, war ganz un-
bestimmt gehalten und stellte nur nähere Mittheilungen an den Gesandten in Aussicht. Die
Angabe Bismarck's über des Königs Bedingungen
weicht von dessen Aufzeichnung ein wenig ab, obschon er sie vielleicht vor sich gehabt hat: er nennt
auch die Abtretung Oesterreich-Schlesiens, läßt
aber den Ersaß der Kriegskosten und die Anerkennung der braunschweigischen Erbansprüche fort.

An Golß, der unter dem Druck der Pariser
Stimmungen unruhig geworden war und ungeduldig
nach Instructionen drängte, ging vorerst am 8. Juli
ein Telegramm des Ministerpräsidenten ab, in dem
er mittheilte, daß die Dispositionen des Königs,
soweit er sie kenne, nicht erheblich über die
Bundesreform hinausgehen würden; doch sei
einiger Unterschied in der Behandlung unserer
Gegner unvermeidlich; sobald die königlichen In-
tentionen feste Gestalt gewonnen, werde er sie
melden. Diese Depesche kreuzte sich mit einem

Telegramm des Gesandten, in dem er schrieb, er
verliere in Paris alle Fühlung, wenn er nicht
bald unterrichtet werde. Es waren die Tage, in
denen die französischen Zeitungen und der Moniteur selbst ihren patriotischen Bellemmungen in
sehr starken Worten Luft machten. Die Antwort
ward — so scheint es doch — von Bismarck in
den Weisungen vom 9. und 10. Juli gegeben,
worin er die Bedingungen entwickelte und den
Gesandten für sein weiteres Vorgehen instruirte:
es ist der Brief aus Pardubitz, mit dem der
Courier am Abend des 12. Juli in Paris ankam,
und dazu das telegraphische Postscript, das ihm
Bismarck am 10. Juli aus Hohenmauth nach-
sandte, eine Urkunde, die unter allen fast die
wichtigste ist und zu der genauesten Interpretation
herausfordert. Gleich in den ersten Worten nennt
der Minister die Forderung, die er Benedetti in
jener Nacht zu Zwittau entgegenhielt: die Einver-
leibung Sachsens, Hannovers und Hessens in
Preußen. Er bezeichnet sie als das Verlangen,
das die öffentliche Meinung stelle, und als die
„für alle Betheiligten zweckmäßigste" Lösung.
Wenn er ein Bedenken hegt, so entspringt ihm dies
aus der Besorgniß, daß sie sich „ohne Abtretung
anderen preußischen Gebietes" nicht erreichen lasse.
Er nennt Frankreich nicht, aber es versteht sich,
daß nur die Abtretung rheinpreußischen Gebietes
an Napoleon damit gemeint sein kann
    In den „Gedanken und Erinnerungen" wird

diese Rücksichtnahme auf Frankreich nur gestreift, und in den beiden Hauptabschnitten bleibt es fast ganz hinter der Scene. In der That aber kann kein Zweifel obwalten, daß es die Besorgniß vor Frankreich war, von der unser Staatsmann in diesem Momente ganz erfüllt gewesen ist. Darin sehe ich vor Allem den Unterschied Bismarck's zu seinem königlichen Herrn. König Wilhelm war vor dem Kriege nur allzu zaghaft gewesen und hatte die Hand seines Ministers, der die Pforten des Krieges sprengen wollte, allzu lange zurückgehalten. Jetzt aber, inmitten seiner Truppen und Officiere, in dem Gefühl, zum ersten Mal in seinem Leben sein Handwerk im großen Stile auszuüben, in dem berechtigten Stolz, eine große Schlacht in persönlicher Führung gewonnen und der Welt die Probe mit der starken und glänzenden Waffe geliefert zu haben, an deren Ausbildung er ein ganzes Leben pflichttreuer und rastloser Arbeit gesetzt hatte, glaubte der hohe Herr über die Wolken, die den politischen Horizont verdunkelten, hinwegsehen und als der Sieger das Gesetz dictiren zu können. Es waren die Tage, in denen die Ergebnisse der großen Schlacht, die man Anfangs gar nicht so hoch eingeschätzt hatte, mit jeder Stunde sichtbarer wurden: immer neue Trophäen und Gefangene wurden eingebracht; man sah, daß die Armee Benedek's zerschmettert, daß Oesterreich am Rande der Ohnmacht war. Dem verantwortlichen Leiter unserer Politik lagen solche Stimmungen naturgemäß ferner, und er mußte den sorgenvollen Blick über das Lager und den Kriegsschauplatz hinaus richten auf den weiten Horizont der europäischen Politik, auf die großen Mächte, die den Ausbruch des Krieges zugelassen hatten, die einen, weil ihre Interessen zunächst unberührt blieben, andere, weil sie in den Wechselfällen des Schlachtfeldes für sich die Gelegenheit zum Eingreifen erhofften, deren keine aber je geahnt hatte, daß die preußische Kraft so rasch und so zerschmetternd auf den Gegner niederfahren würde. Vor Allem der französische Cäsar mußte die Sorge des preußischen Staatsmannes fesseln. Wohin gingen die Absichten der Sphinx an der Seine, deren räthselhafte Politik Bismarck seit Biarritz so oft zu ergründen versucht hatte? Er hatte nichts vor sich, als das Telegramm vom 4. Juli und etwa die ersten ängstlichen Anfragen von Goltz und die drohenden Manifestationen der Pariser Presse. Würde Napoleon jetzt seine Forderungen auf das Rheinufer anmelden, die ihm alle Welt zuschrieb? Und war er bereit, sie eventuell mit den Waffen zu vertreten? „Was sind,“ so hatte der Minister noch im Juni einen fremden Agenten gefragt, „die Forderungen des Kaisers? Niemand weiß sie. Während alle Welt weiß, was Preußen will, weiß Niemand, was der Kaiser Napoleon im Schilde führt“[1]). Und war man

---

[1]) Hansen, Les coulisses de la diplomatie. 1880. S. 54.

denn Englands, oder gar Rußlands sicher, das eben noch seine Unzufriedenheit mit dem Vorgehen Preußens geäußert und sich fast als Protector der deutschen Gegner gerirt hatte?

Dies ist die Stimmung des großen Staatsmannes in dem oft citirten Brief, den er an seine Gemahlin an demselben Tage richtete, da er an jener Depesche schrieb: „Uns geht es gut; wenn wir nicht übertrieben in unseren Ansprüchen sind und nicht glauben, die Welt erobert zu haben, so werden wir auch einen Frieden erlangen, der der Mühe werth ist. Aber wir sind ebenso schnell berauscht wie verzagt, und ich habe die undankbare Aufgabe, Wasser in den brausenden Wein zu gießen und geltend zu machen, daß wir nicht allein in Europa leben, sondern mit noch drei Nachbarn." Man pflegt diese Worte auf die hohen Officiere zu beziehen und für die Differenz Bismarck's mit ihnen zu verwenden; und gewiß sahen auch sie — Roon's Briefe bezeugen es —, fortgerissen durch die immensen Waffenerfolge, über die Schwierigkeiten der politischen Lage sorgloser hinweg als der verantwortliche Minister[1]); aber auf diese Herren paßt doch nicht das Wort, daß sie sonst „schnell ver-

[1]) Vergl. Roon's Briefe vom 7., 8 und 10. Juli. In dem vom 8. schreibt er: „Die französische Vermittlungswolke für eine wetterschwangere zu halten, überlassen wir Liebhabern ängstlicher Vorstellungen aus dem Geschlecht Derer v. Deßmeier." Am 18. ist er, wie bemerkt, schon gemäßigter.

Dove, Zur Krise   6

jagt" wären, und ich zweifle nicht daran, daß mit dem unbestimmten „Wir" an dieser Stelle nur der König gemeint ist¹).

In der Depesche tritt die Differenz zwischen König und Minister noch kaum hervor. Ein definitiver königlicher Entschluß über diese Dinge, heißt es kurz zu Ende des ersten Abschnittes²), sei Bismarck noch nicht bekannt; der König denke übrigens an Thronwechsel in Hannover, Kurhessen, Meiningen, an eine böhmische Grenzregulirung, an Ersatz der Kriegskosten, vielleicht auch an Sicherung der ungarischen Constitution Das wäre noch nicht einmal so viel, als was Wilhelm am 5. Juli gefordert hatte, doch halte ich es nur für Zufall, daß Bismarck hier die Abtretung Ostfrieslands und Anerkennung der braunschweigischen Erbfolge anläßt, die er kurz vorher unter seinen eigenen Wünschen aufzählt. Wie der König zu der Idee der Beschränkung der preußischen Hegemonie auf

---

¹) Roon wendet mehrfach dieselbe Pluralform an, wenn er von dem König schreibt. Z. B. ganz ähnlich nach dem Kronrath vom 28. Februar: „Wir sind sehr einig, aber „Wir" sind nicht immer zu schnellen Entschlüssen und Handlungen geneigt."

²) In Nikolsburg hat Bismarck sich über diese Depesche gegen Benedetti ausgelassen (s. u.); er datirt sie da zum 11. Juli. Es wäre wohl möglich, daß er sie in der Nacht vom 8. zum 9. begonnen hat; der zweite Abschnitt ist jedenfalls vom Morgen des 9., an dem das Hauptquartier nach Hohenmauth aufbrach Dann wäre also, wofür auch der Inhalt spricht, eine Pause zwischen beiden Theilen der Instruction anzunehmen.

Norddeutschland steht, sagt er nicht; es scheint doch wohl, als ob derselbe ihr noch nicht näher getreten sei. Bismarck selbst aber hatte seine Hoffnungen bereits weit herabgestimmt: „Meinestheils," schreibt er, „finde ich den Unterschied zwischen einer uns hinreichenden Bundesreform und dem unmittelbaren Erwerb jener Länder nicht groß genug, um dafür das Schicksal der Monarchie von Neuem aufs Spiel zu setzen. Unser politisches Bedürfniß beschränkt sich auf die Disposition über die Kräfte Norddeutschlands in irgend einer Form." Er spreche das Wort „Norddeutscher Bund" ganz unbedenklich aus, weil er es, wenn die uns nöthige Consolidirung des Bundes gewonnen werden solle, zur Zeit noch für unmöglich halte, auch Süddeutschland hineinzuziehen. Man werde dem preußischen Landtage eine Vorlage über die Parlamentswahlen in Preußen machen und mit der Berufung des Reichstages aus den vom Feinde nicht occupirten Theilen Deutschlands ohne Zeitverlust vorgehen.

Damit trat Bismarck von dem Programm des 10. Juni, das nichts von Annexionen, aber um so mehr von Bundesreform und deutscher Einheit enthalten hatte, einen weiten Schritt zurück. Den Gedanken an Annexionen verknüpfte er mit diesem Plan nur insofern, als er es für unthunlich erklärte, Denen, welche am 14. Juni dem Bundeskriege gegen Preußen zugestimmt hatten, dieselben Bedingungen zu bewilligen wie Denen, welche sich dem neuen Bunde freiwillig angeschlossen, zumal da Erstere zugleich die Mächtigeren und dem Bestande der neuen Schöpfung deshalb Gefährlicheren seien. Dieses Bedenken lasse sich auf zwei Wegen beseitigen, einmal dadurch, daß man Sachsen, Hannover und Hessen ungünstigere Bedingungen auferlege, oder aber dadurch, daß der Territorialbestand dieser Länder vermindert werde, der Sachsens etwa um den Leipziger Kreis, der Hannovers um Ostfriesland unter Anerkennung der preußischen Erbfolge in Braunschweig. Er denkt auch schon an die Abtretung Oberhessens, aber mit Austausch gegen Hanau, oder anderenfalls an die Einbeziehung von ganz Hessen-Darmstadt in den Norddeutschen Bund. Wie man sieht, Forderungen, die wie die des Königs auch nur auf Stücke der feindlichen Länder gerichtet sind. Von Schonung Sachsens aber, die Bismarck in seinen Memoiren als einen Ausfluß weitblickender Berechnung bezeichnet, ist zu dieser Zeit und in diesem Document noch so wenig die Rede, daß es vielmehr unter den Opfern des Krieges an erster Stelle ausersehen ist. Hingegen wird im Gegensatz zum König die directe Schädigung Oesterreichs nicht von ihm gefordert: der Ausschluß des Kaiserstaates aus Norddeutschland, der in der Hegemonie Preußens liegt, und die Annexion der Herzogthümer, die als selbstverständlich bezeichnet wird, sind die Buße, die Bismarck schon jetzt als genügend auffaßt. In diesem Zusammenhang wird

zuerst der Abtretung der nordschleswigschen Bezirke gedacht; Bismarck bemerkt, daß er, wenn
dadurch andere Nachtheile abgewandt werden könnten, Sr. Majestät vorschlagen würde, die Bevölke-
rung selbst darüber zu befragen.

Beide Eventualitäten, die bloße Gründung
eines Norddeutschen Bundes unter der Hegemonie
seines Königs und die Annexion ganzer Länder,
beurtheilt der Minister in seiner Depesche lediglich
von dem Interesse und Bedürfnisse Preußens aus.
Ja, er scheut nicht vor dem Bekenntniß zurück,
daß ihm die volle Beseitigung aller größeren norddeutschen Gegner das Allerliebste wäre — was
dann einem Verzicht auf die Bundesreform so gut
wie gleich gekommen wäre. In dem zweiten Theil
der Depesche ergänzt er die Instruction gerade in
diesem Sinne: Goltz solle zunächst versuchen, welcher
Eindruck und welche außerdeutschen Compensationsforderungen bei Frankreich hervorgerufen
werden, wenn wir die volle Annexion von Sachsen,
Hannover, Kurhessen, Oberhessen und Nassau fordern, demnächst aber die weiteren, oben entwickelten
Eventualitäten in gleicher Weise sondirend durch-
sprechen. Diese Weisung schränkt er freilich in
dem Telegramm vom nächsten Tage wieder dahin
ein, daß der Gesandte die Alternative zwischen
Annexion und Reform nicht in der Art aufstellen
möge, daß Zwischenstufen mit Annexion einiger
gegnerischer Länder ausgeschlossen wären; aber die
Summe seiner Meinung faßt er doch im Schluß-

saß dahin zusammen: „und halten Sie daran fest, daß jede volle Annexion, die ohne Abtretung preußischen Gebiets erlangt werden kann, besser ist als die halbe auf dem Reformwege."

Ich glaube nicht zu irren, wenn ich annehme, daß in dem zweiten Theil der Instruction und dem telegraphischen Postscriptum der Widerspruch des Königs gegen die bloße Reform und sein Verlangen nach directem Ländererwerb mitgewirkt haben. Immerhin ist es ganz richtig, daß Bismarck selbst die Annexionen betrieben hat, in einem Umfang, der das, was er später erreichte, weit übertraf und, wenn man noch die Erbansprüche von Braunschweig hinzunehmen will, ein Großpreußen geschaffen hätte, neben dem die Reste territorialer Selbständigkeit nördlich vom Main vollends bedeutungslos geworden wären: aber als eine Alternative, deren volle Durchführung den norddeutschen Bundesstaat für Preußen überflüssig machen mußte und — denn wie soll man die Worte anders verstehen? — in Bismarck's Augen auch zunächst überhaupt, wenn nicht ersetzen, so doch zu einer Scheinform herabdrücken sollte. Das Motiv, das ihn jedesmal leitete, war die Besorgniß vor Frankreich. Weil er das Schicksal der Monarchie nicht von Neuem aufs Spiel setzen wollte, wäre er bereit gewesen, sich mit einem Bunde nördlich vom Main unter mäßigen Annexionen, aber starken Garantien für die preußische Hegemonie zu begnügen, eventuell aber am Ende gar mit Napoleon eine Vereinbarung zu treffen, die unter noch weiterer Einschränkung der Reform über die preußische Hausmacht verstärkt hätte, als das Erste, was noth that, und den Grund, auf dem er baute — die Macht der preußischen Krone. Es wäre gewiß nicht sein letztes Wort gewesen, und es war nicht Zuneigung oder Nachsicht mit den annexionistischen Schwächen Louis Napoleon's, wenn der große Realpolitiker so milde Saiten ihm gegenüber aufzog. Die Stimmung, die das Telegramm des französischen Kaisers vom 4. Juli in ihm erregte, malt ein Wort, an das ihn sein Vetter Graf Bismarck-Bohlen in Versailles erinnert hat, als sie bei Tische der Nacht nach Königgrätz in Horsitz gedachten, wo der Minister, nachdem er dreizehn Stunden im Sattel gesessen, sich unter den Arkaden des Marktplatzes aus ein paar Kutscherkissen das Lager bereitet hatte. „Das war, wie die Depesche von Napoleon ankam." bemerkte Bohlen. — Der Chef erwiderte: „Ja, über die der König sich so freute, weil darin anerkannt war, daß er eine große Schlacht gewonnen hatte, seine erste große Schlacht." — „Und Du warst auch froh darüber" — sagte Bohlen — „und thatest das Gelübde. Du wolltest es dem Gallier vergelten, wenn sich Gelegenheit fände"[1]. Bismarck hätte bei dieser Wendung immerhin einen Trumpf in der Hand behalten,

---

[1] Busch, Tagebuchblätter, II, S. 80.

mit dem er wohl hoffen konnte, dem Partner an
der Seine das Spiel zu verderben: die Karte, die
er vor dem Kriege mit den Reformplänen schon
mehrmals hervorgeholt hatte, freilich bisher noch
unter dem Unglauben und Hohngelächter der Liberalen und unter den unwillig-ängstlichen Protesten
seiner eigenen Freunde; aber die Chance, die sie
bot, konnte sich für ihn nur verbessern, je mächtiger sein Preußen wurde und je mehr es sich
herausstellte, daß ganz allein der brutale Ein-
spruch des französischen Cäsars und sein hinter-
listiger Vertrag mit den Habsburgern sich der
Einigung der Nation und ihrer Führung durch
die Krone Hohenzollern entgegengestemmt hatte.
Er vergaß sie auch in diesem Momente nicht:
„Sollten," so schreibt er, „die Aussichten, welche
Oesterreich uns bisher auf directe Verständigung
macht . . ., sich nicht verwirklichen, Frankreich aber
eine drohende Haltung gegen uns annehmen, so
würden wir die Entwicklung der letzteren abwarten,
dann aber auch auf der vollen Grundlage der
Reichsverfassung von 1849 die nationale Erhebung
Deutschlands bewirken und jedes Mittel ohne
Rücksicht auf irgend einen Parteistandpunkt zur
Kräftigung des Widerstandes der Nation anwenden." Das wäre also die Gelegenheit geworden, um mit dem Gallier gründliche Ab-
rechnung zu halten. Aber es war doch nicht der
Weg, den Bismarck bisher gegangen war, und er
widersprach zu sehr der Haltung seiner Partei und

des Königs wie seiner eigenen Politik, als daß
ihm daran hätte liegen können, ihn vor der letzten,
äußersten Noth zu beschreiten. Goltz sollte durchblicken lassen, daß Preußen einen im Verhältniß
zu seinen Erfolgen unehrenvollen Frieden nicht anzunehmen fest entschlossen sei, aber Drohungen
sollte er vermeiden. Er sei, schreibt Bismarck,
bisher noch überzeugt, daß die Befürchtungen des
Berliner Publicums vor Frankreich unbegründet
seien, und daß man, wenn es ihm gelinge, die
diesseitigen Forderungen auf das verständige und
für uns ausreichende Maß herabzustimmen, sich
mit dem Kaiser Napoleon einigen könnte.

Wie weit ist es dem großen Minister mit
dieser Verständigung Ernst gewesen? Niemand
leugnet heute noch, daß Bismarck in den Conferenzen mit den Franzosen und Italienern der
gallischen Ländergier den Köder deutscher und sogar preußischer Bezirke links vom Rheine hin-
gehalten hat. „Ich kann euch die Pfalz nicht anbieten," sagte er in Biarritz zu einem Mitglied des
kaiserlichen Hauses, „aber nichts wird euch hin-
dern, sie zu nehmen und da zu bleiben." Vor
dem Ausbruch des Krieges ließ er gegen den
General Govone, den italienischen Unterhändler,
und sogar gegen Benedetti wiederholt durchblicken,
daß er für die Abtretung des Landes zwischen
Rhein und Mosel oder des Trierer Regierungs-
bezirkes zu haben wäre; und wenn er dazwischen
einmal äußerte, daß er, im Fall man das ganze

linke Rheinufer fordern werde, Mainz, Coblenz
und Cöln, eher Frieden mit Oesterreich machen
und auf Alles, selbst auf die Herzogthümer, verzichten, oder daß er lieber ganz von der Scene
verschwinden wolle, so schien das nur zu bestätigen,
daß er sich um jenen Winkel zwischen Rhein und
Mosel keine großen Scrupel machen werde. Freilich war das Alles nur mündlich geschehen und so,
daß er es wesentlich als seine Privatansicht hin-
stellte und den voraussichtlichen Widerspruch des
Königs nachdrücklich hervorhob. Daß er je ernstlich daran gedacht habe, auch nur ein Dorf vom
deutschen Lande abzutreten, hat er später, als es
Mallinckrodt's Haß ihm ins Gesicht zu schleudern
wagte, mit Entrüstung von sich abgewiesen. Und
nichts spricht dafür, daß er auch nur einen Moment
solche Gedanken gehegt habe. Darin lag doch der
Unterschied seiner Politik zu der Friedrich's des
Großen, die sonst in seinen Thaten eine so gewaltige Auferstehung gefunden hat, daß er jeden
Gedanken daran ablehnen mußte: die deutsche
Idee, die Entwicklung der Nation seit dem Tode
des großen Königs machte es ihm unmöglich; er
hätte seine Zukunft, er hätte die Wege, die er
Preußen öffnen wollte, auf alle Zeiten damit
versperrt. Dagegen spricht auch die vorliegende
Depesche nicht; ausdrücklich faßt Bismarck darin
die Annexionen ohne die Abtretung preußischen
Gebietes ins Auge, und er beauftragt Golz nur,
nach den außerdeutschen Compensationen, die

der Kaiser fordern könne, zu forschen. Aber hat
er niemals daran gedacht, auch in jenen kritischen
Tagen nicht, die Begehrlichkeiten des Nachbarn mit
Luxemburg oder auch Belgien zu stillen und dafür freie Hand in Deutschland zu gewinnen? Hat
er in der That auch diese Frage immer nur „blla-
torisch" behandeln wollen, so wie er es vor der
Welt im Juli 1870 bei der Veröffentlichung jenes
Vertragsentwurfes erklärte, den sein Meisterstreich
den ungeschickten Händen Benedetti's gleich nach
dem Kriege mit Oesterreich entrissen hatte, und
den er nun dem feindgewordenen Frankreich gleich-
sam wie ein Schwert in die Seite bohrte? In
der Instruction an seinen Gesandten spricht er
doch von der Aussicht, daß er sich mit dem Kaiser
Napoleon einigen zu können hoffe. Auf welchem
Wege aber wäre das anders möglich gewesen, als
daß er die Wünsche desselben nach Annexionen
erfüllte, die viel weniger in persönlicher Eroberungs-
gier, als weil der Kaiser den wankenden Thron
seinem eigenen Volke gegenüber nicht anders aufrecht erhalten konnte, ihren Ursprung hatten? Er
kannte ihn doch genugsam und hatte in den Besprechungen mit ihm selbst wie mit seinen An-
gehörigen und Ministern schon 1862 und im
vorigen Herbst zu Biarritz zur Genüge verstehen
können, wodurch er ihn zum Stillsitzen und zum
guten Freunde gewinnen konnte. Wie oft hatte
er selbst ihnen solche Entwürfe vorgetragen und
die Perspective eines preußisch-französischen Bundes

entworfen, der jedem von ihnen Gelegenheit geben würde, in Ruhe zuzugreifen, wo es ihm gut dünkte! „Herr von Bismarck," hatte Napoleon damals gescherzt, „schenkt uns Alles, was er nicht hat." Es war in der That eine Aussicht, die eine rücksichtslose und verwegene Staatskunst wohl reizen konnte. Sie hätte einen dauernden Keil zwischen die beiden Westmächte getrieben und eine Garantie geschaffen gegen die Einmischung eines europäischen Congresses. Es wäre eine Politik ganz im Stil Friedrich's des Großen geworden. Der Bund der beiden Militärmächte hätte Europa das Gesetz dictiren können. Er gab Preußen die Hoffnung, in Deutschland weiter zu wachsen, ohne von dem Alp der Coalitionen aller Geschädigten und Rivalen geängstigt zu werden, und gewährte dem Thron des Emporkömmlings die Sicherheit, die er sonst nur durch den Krieg am Rhein mit der siegreich aufstrebenden deutschen Macht zu erreichen hoffen konnte. Auf das verlorene Gut an den Vogesen freilich hätte unsere Nation verzichten müssen, und die Poesie des großen Krieges, in dem wir unsere alten Grenzen, die Einheit und die Kaiserkrone in wundervollen Siegen errungen haben, wäre uns versagt geblieben. Der heroische Charakter und die erhabene Krönung, welche die Geschichte unserer Einigung gefunden hat, und mit ihnen eine Fülle unvergeßlicher Erinnerungen, sittlich belebender Kräfte hätten uns immerdar fehlen müssen.

Ich behaupte nicht, daß Bismarck diesen und keinen anderen Plan in jenem Augenblick gehabt, oder auch nur, daß es ihm jemals vollkommen Ernst mit den französischen Verhandlungen gewesen sei. Er hatte stets mehrere Eisen im Feuer und wußte mit unvergleichlicher Umsicht zu erkunden, wo der Markt kaufen lehrte. Seinem rastlos thätigen und erfinderischen Geist schwebten in jedem Moment eine Reihe von Möglichkeiten vor, zwischen denen er zu wählen entschlossen war, je nachdem sie sich ihm präsentirten und dem einen Interesse, das ihn beherrschte, der Macht seines Staates, dienten. Noch war Alles im Fluß, ungewiß, was England, Rußland und vor Allem, was Frankreich im Sinne hatte; täglich und stündlich wandelte sich die Lage, und die Befürchtungen des Ministers mußten mehr und mehr zurücktreten, je weiter die preußischen Colonnen gegen Donau und Main hin vordrangen. Jene Instruction an Golz zeigt uns, wie die verschiedenen Combinationen in dem Kopf des Ministers noch neben einander lagen, einander schoben und verdrängten; ihre Unbestimmtheit sollte den Gesandten noch in arge Verlegenheit bringen und zu einem Schritt veranlassen, mit dem er sich wenig Dank bei seinem Chef verdient hat.

Wie man nun auch Bismarck's Stellung beurtheilen mag, von seinem Hauptpartner in dem Pariser Intriguenstück, dem Grafen Robert von der Golz, wissen wir heute bestimmt, daß er die Verbinbung mit Frankreich ganz ernstlich betrieben hat; um so sicherer und täuschender hat er die Rolle, die Bismarck ihm zugewiesen, vor dem Parkett der Tuilerien durchführen können. Er hat sich noch am 12. September in einem ganz intimen Schreiben an seinen Chef mit warmen Worten für die französischen Anträge, die Benedetti am 20. August vorgelegt hatte, ausgesprochen[1]. Für Napoleon konnte es offenbar nichts Erwünschteres geben als das Schutz- und Trutzbündniß mit der norddeutschen Militärmacht, das ihm das sprachverwandte, reichste Land Europa's ohne Schwertstreich in die Hände liefern sollte. Er hätte dann wieder einmal vor der Welt erklären können, daß er dem Princip seiner Dynastie und der Basis seines Thrones, der Anerkennung des Rechtes der Nationalitäten, auch nach außen treu bleibe; alle Parteien hätte er befriedigen können, die Arkadier ebenso sehr wie seinen Vetter Jérome und den linken Flügel seiner Gefolgschaft; ja auch die verdrängten Parteien, Radicale und Royalisten, hätten sich stille halten müssen, wenn es ihm gelang, den durch Sadowa verletzten Ehrgeiz der Nation zu sättigen, ohne einen Kampf wagen zu brauchen, der für ihn und sein Haus Sein oder Nichtsein bedeutete; es gab keinen besseren Schutz für das, was ihm am Herzen lag: die Sicherung seiner Krone. Es kam nur darauf an, ob Bismarck die weit ausgestreckte

[1] Jahrbuch III, 225.

Hand des Nachbarn ergreifen würde. Als Golf
jenen Brief schrieb, war der Moment der Entscheidung gekommen. Schon hatte Bismarck den
Vertragsentwurf in der Hand, den ihm der ge-
fällige Benedetti selbst geschrieben hatte, und seine
sonst so freundlichen Mienen waren gegen den
Gesandten bereits recht frostig geworden; er hatte
sich nach Paris hin über dessen inopportunes
Drängen und Drohen beschwert. Golf, der eben
in Berlin gewesen war[1]) und im Sinne des Vertrages mit dem Minister wie mit dem König und
auch dem Kronprinzen gesprochen hatte, zeigt sich
in dem Brief bemüht, die conciliante Gesinnung
der Franzosen ins hellste Licht zu stellen; auch
Benedetti habe sich nie anders ausgedrückt; man
habe in Paris keine Ahnung davon, daß eine Er-
kältung zwischen dem Minister und dem Botschafter eingetreten sein könne, welchen man nach
wie vor als eine uns gratissima persona ansehe.
Er erlaubte sich, den Chef an die Aussichten zu
erinnern, die er den Franzosen früher selbst gemacht habe: „Namentlich sagte mir Rouher, welcher
an die ihm von Ew. Excellenz in zahlreichen
früheren Gesprächen, insbesondere auch noch im

[1]) Nach den Zeitungen war er dort vom 2. September
Morgens bis zum 7. Abends, der Kronprinz kam am 7.
Morgens aus Erdmannsdorf herbei, wohin er am 8. Abends
zurückkehrte. Täglich fanden oft mehrstündige Conferenzen
statt.

vorigen Jahre, gemachten ausdrücklichen Hinwei-
sungen auf Belgien und Luxemburg erinnerte, daß
der Entwurf eine gemeinsame Arbeit Ew. Excellenz
und Benedetti's und mindestens ebenso Ihr Werk
wie das des Letzteren sei. Er sowohl wie der
Kaiser hätten daher mit Zuversicht erwartet, daß
ich die Zustimmung des Königs zu dem Vertrage
mitbringen würde." Aber er wies zugleich darauf
hin, daß man hier sehr ungeduldig sei und nicht
länger warten könne; der Kaiser müsse vor seiner
Abreise nach Biarritz wissen, woran er sei; er
könne das politische Programm, auf dessen Erscheinen im Moniteur alle Welt wartete, nicht
länger zurückhalten. Indem Goltz die Entscheidung
des Königs mit Ja oder Nein fordert, deutet er
auf die Zukunft hin, der man entgegensehe, wenn
man nach so langen Verhandlungen und wieder-
holten Zusicherungen die Hand Napoleon's zurück-
stoße: daß das Vertrauen in die Absichten des
Ministers oder in das Gewicht seiner dem Könige
ertheilten Rathschläge erschüttert und die preußische
Politik im Gegensatze zu der Consequenz, welche
man bisher an ihr bewundert, als unberechenbar
betrachtet werden würde, daß Napoleon kaum eine
andere Wahl als zwischen der Allianz mit und
Coalitionsversuchen gegen Preußen habe, daß es
ihm an Elementen dafür weder in Petersburg
noch in Wien fehlen werde, und daß Oesterreich
Italien ebenso gut wie wir durch Abtretung von
Südtirol desinteressiren könne.

Zu dieser Zeit hatte Bismarck den vollen
Frieden in seiner Hand: die Armee war wieder
im Lande, jeden Moment zum Ausmarsch bereit,
und die im Kriege mit Oesterreich völlig ent-
blößten Westmarken in sicherer Obhut, während
Napoleon, wie man jetzt wußte und Golz selbst
zugab, den Krieg weder führen konnte noch wollte;
die Bundesverträge mit den Süddeutschen stellten
die Einigung der Nation gegen Frankreich in Aussicht, und in Petersburg war die Stimmung freund-
licher geworden, seitdem man dort Kenntniß von
den französischen Aspirationen erhalten hatte. Auch
mit der liberalen Partei hatte der Minister seinen
Frieden gemacht, und die Nation, die immer stür-
mischer nach Einheit verlangte, begann zu ihm als
zu ihrem Helden und dem Vollender ihrer Geschicke
emporzusehen. Dennoch war der Abbruch der lang-
gepflegten Beziehungen zu dem Kaiser und die
beleidigende Enttäuschung, die Bismarck ihm dadurch zufügte, ein Entschluß, zu dem die stählerne
Energie und die unerschütterliche Furchtlosigkeit
des großen Staatsmannes gehörten: er sah so
gut wie sein Gesandter, daß er damit neuen Gefahren entgegensteuerte, daß nun die Besiegten und
Enttäuschten, und vielleicht der Bundesgenosse
südlich der Alpen mit ihnen, ihre Complotte und
Intriguen schmieden, daß die Coalitionen, vor
denen seine Meisterhand den Staat glücklich be-
hütet, seinen Weg aufs Neue bedrohen würden.
Aber er sah einen Preis des Sieges vor sich, der

Alles, was er je erreicht, zurückließ, und so beschloß er, der Bahn zu folgen, auf der er die Größe Preußens und der gesammten Nation erblickte.

Um wie viel gefährlicher aber mußte dem Minister die Lage in den böhmisch-mährischen Quartieren erscheinen, als die deutschen Feinde noch aufrecht standen, die Westgrenze entblößt war, die Seuche drohte, England und Rußland den Siegeszügen der preußischen Heere mit scheelen Blicken nachsahen, und Napoleon's bösartige Note ihrem mächtigen Vordringen plötzlich ein Halt gebot! Den Italienern traute er so wenig wie sie ihm. Und wie hätte er ahnen können, daß hinter dem brüsken Vorgehen der Pariser Regierung so gar nichts steckte, daß dort nur Angst und Zwiespalt herrschten statt der Entschlossenheit, die das Telegramm athmete, daß der Lärm ihrer Zeitungen eitel Wind war, und daß das stolze Frankreich gar nicht im Stande war, den Krieg am Rhein auf sich zu nehmen! Bismarck hat noch lange nach 1870 im deutschen Reichstage es ausgesprochen, daß selbst die 40 000 Mann, über die Napoleon damals allein unmittelbar verfügt habe, in Verbindung mit den Süddeutschen ausgereicht haben würden, um Preußen zu zwingen, sich auf Berlin zurückzuziehen und alle Erfolge in Oesterreich aufzugeben. Und wenn dies Urtheil auch übertrieben sein mag — denn dann hätte er doch wohl aus jener Drohung mit dem Appell an die deutsche Idee und an die Verfassung von 1849 Ernst gemacht — so zeichnet es doch den tiefen Eindruck, den ihm die Ankündigung Napoleon's, Schiedsrichter oder auch nur Vermittler sein zu wollen, gemacht hat.

Im Juli 1866 aber rechnete er gar nicht mit einer so schwächlichen Aufstellung der großen Militärmacht; die Berichte, welche der Militär-bevollmächtigte Herr von Loe und andere Officiere, die Frankreich bereist, eingesandt hatten, lauteten nicht so günstig, wenn sie auch die Verluste und Lücken, die Mexico in die französische Armee gerissen hatte, schildern mochten[1]). Und dazu nun die besorgten Depeschen seines Pariser Gesandten und die steife Haltung Benedetti's, der seinen Vor-würfen, Forderungen, Anerbietungen immer nur ernste und halb drohende Verwahrungen entgegen-stellte, aber mit der Sprache nicht herausrückte. Wie konnte Bismarck denn vermuthen, daß der Botschafter damit nur seine eigene Blöße bedecken wollte! Er ging gegen ihn vor so wie er es Goltz für seine Verhandlungen in Paris vorgeschrieben hatte. Nachdem er gleich Anfangs die großen An-nexionen, Sachsen, Hessen, Hannover verlangt und unter bitteren Klagen über die Intervention des Kaisers, die dem preußischen Heere die Thore Wiens versperre und es zu einer zweiten Schlacht zwinge, mit den Annexionsabsichten des Königs

---

[1]) Vergl. Rothan, S. 216 ff, und das Memoire des französischen Kriegsministers Marschall Randon bei Pradier-Fodéré. S 65 ff

und dem kriegerischen Ehrgeiz seiner Generale ge-
droht hatte, brachte er später dennoch zunächst
nur die Forderungen an, zu denen er Goltz in
dem ersten Theil seiner Depesche angewiesen hatte:
„Das Wort des Kaisers," sagte er, „genügt uns;
möge er uns persönlich die Contiguität unserer
Provinzen und den Bund nördlich vom Main
garantiren, und der König wird befriedigt sein."
Dann aber, während der Verhandlungen über die
dreitägige Waffenruhe, die Benedetti in Czernahora
durchsetzte, kam ihm der Minister wieder mit
seinem alten, ihm so geläufigen Liede: die Instructionen an Goltz sollten gar nichts Bindendes
enthalten, der Botschafter solle vor Allem eine
Verständigung mit dem Kaiser zu erreichen suchen,
er solle, mit einem Wort, seine Bedingungen dem
Preise anpassen, den Frankreich für das Verständniß mit Preußen fordere. Dabei ließ er
aber ein Wort von gewissen Klauseln mit ein-
fließen, von denen der König nicht abzubringen
sei. Worauf mochten sich diese beziehen? Auf
die Annexionen? Oder etwa auf eine Grenz-
rectification am Rhein? Er ließ es völlig im
Unklaren. Als der Franzose immer stumm blieb
und Alles nur zur Kenntniß nahm, ging Bismarck noch weiter heraus. Er ließ es nicht zu,
daß Benedetti sich hinter dem Mangel an Be-
fehlen und Vollmachten verschanzte, und forderte
ihn auf, eine gemeinsame Basis für den Still-
stand mit ihm festzustellen, für die er sich an-

heischig machte, die Zustimmung des Königs zu
erlangen. Und alsbald demonstrirte er, ohne daß
ihm sein Partner irgendwie Ursache dazu gab, wie
die Niederlagen Oesterreichs es Frankreich und
Preußen erlauben würden, ihre Grenzen nach
Belieben zu verändern und alle Schwierigkeiten,
die den Frieden Europa's bedrohten, zu lösen.
Vergebens hielt der Botschafter ihm die bestehenden
Tractate entgegen, und daß die nächste Folge der
Krieg sein würde, den er damit vermeiden wolle.
Bismarck antwortete: „Ihr irrt euch; wenn Frankreich und Preußen, durch feierliche Verträge verbunden, dazu schreiten werden, ihre Grenzen zu
berichtigen, so werden sie in ihrer Vereinigung
stark genug sein, um diese Fragen zu entscheiden,
ohne einen bewaffneten Widerstand fürchten zu
müssen, sei es von England oder von Rußland!"
     So die Mittheilungen Benedetti's, an deren
Echtheit in ihrer Uebereinstimmung nicht bloß mit
anderen Urkunden französischer Herkunft, sondern
vor Allem mit der Instruction Bismarck's an
Golz und mit dessen Bericht vom 12. September
ein Zweifel nicht mehr gestattet ist. Der König
ist vermuthlich dieser Wendung der Verhandlungen
ganz fern geblieben; er legte in der Audienz, die
er dem Botschafter am 12. Juli gewährte, den
Nachdruck auf die Annexionen; Benedetti erhielt
den Eindruck, daß er alle seine Beschlüsse diesem
Interesse unterordnen würde, und daß auch die
Generale sich mit den ehrgeizigsten Absichten trügen;

es sei, erklärte er seinem Minister, unumgänglich, eine noch viel schärfere Sprache zu führen als wie sie ihm vorgeschrieben sei. Aber die Instructionen, auf die er hoffte, kamen nicht, statt dessen erhielt er in Brünn, wo er am 13. Nachmittags den Einzug in Bismarck's Wagen mitmachte, am 15. eine Depesche Drouyn's de l'Huys, die ihn nach Paris einlud, um Bericht über seine ersten Eindrücke im preußischen Lager abzustatten. Sie war schon am 9. Juli geschrieben, also volle sechs Tage unterwegs gewesen[1]. Noch an demselben Tage reiste er ab, wie man im preußischen Hauptquartier nicht anders glaubte nach Paris, blieb dann aber, da er nun auch dort überflüssig geworden war (denn am 14. hatte bereits Napoleon das von Golz formulirte Friedensprogramm genehmigt), fürs Erste in Wien.

In allen diesen umfassenden und wechselnden Combinationen Bismarck's steckte ein Fehler: er überschätzte die Kraft, die Festigkeit, und die Entschlossenheit der französischen Regierung. Man war in Paris längst von dem Gedanken an die bewaffnete Intervention zurückgekommen, als er sich

---

[1] Man könnte darin, wie auch Rothan andeutet, einen beabsichtigten Zufall erblicken; indessen war man thatsächlich im Hauptquartier bei dem Vormarsch tagelang ohne telegraphische Verbindung mit der Heimath geblieben. Vergl. Graf v. Wartensleben, „Erinnerungen" (1897) S. 65.

noch mit der Eventualität der Compensationen
quälte und zwischen Annexions- und Reformideen
schwankte. Das Schreckbild, vor dem man in den
Tuilerien zurückbebte, mehr noch weil man die
öffentliche Meinung im eigenen Lande als weil
man die Gefahr von Außen fürchtete, war die
deutsche Einheit. Eine Theilung Deutschlands in
zwei Interessensphären betrachtete Napoleon fast
schon als einen Sieg, zumal da er hoffte, dann
eben den Süden unter die eigene Obhut nehmen
zu können; und er war gleich Anfangs geneigt,
die Einziehung ganzer Länder, wie Kurhessen und
Hannover, durch Preußen nördlich vom Main
mit in den Kauf zu nehmen. Das konnten Reuß
und Golz bereits in ihren Audienzen bei dem
Kaiser und der Kaiserin am 10. und 11. Juli
merken. Sie blieben noch, ihren Weisungen gemäß, auf dem Programm vom 10. Juni stehen,
wenn sie auch beide betonten, daß darin die Zwei-
theilung des Heerbefehls zwischen Preußen und
Bayern vorgesehen sei und nur innere, wirthschaft-
liche und rechtliche Fragen der gemeinsamen Be-
rathung unterliegen sollten. Golz erwiderte, als
der Kaiser andeutete, ob man nicht zwei Parla-
mente statt des einen ins Leben rufen könnte, eine
solche Theilung würde die öffentliche Meinung
drüben auf das Höchste empören. Das aber war
die Macht, welche Napoleon am meisten fürchtete,
obschon er sie am häufigsten anrief; es war die
Basis oder, besser gesagt, der wunde Punkt seiner

eigenen Existenz, die Stelle, von wo sein System am leichtesten aus den Angeln gehoben werden konnte, und die er daher am sorgfältigsten schonen mußte. Dies wußten die Preußen; darum eben konnte Bismarck den Kaiser an die Revolution und an die nationale Idee, an die Mächte, die der Cäsar fürchtete, obschon er doch seinen Ursprung aus ihnen ableitete, warnend erinnern laffen, und ihn mit dem Appell an die Leidenschaften bedrohen, welche er selbst erst benutzt und dann enttäuscht hatte, und die er jetzt daheim wie in der Fremde mit Mühe bändigte. Das war der Punkt, an dem ihn sein Vetter Jérôme jetzt anfaßte, als er ihn an diese „letzte große Karte" des Herrn von Bismarck erinnerte und ihn beschwor, das große Werk von 1859 nicht vernichten, Italien nicht abermals an Oesterreich ausliefern zu wollen, und nicht für einen Krieg das Schwert zu ziehen, der gegen den Grundsatz der Nationalität und die liberalen Ideen verstoßen würde. Die bleiche Furcht, die den von quälender Krankheit Erschöpften schüttelte, kam rückhaltslos heraus, als er den Botschafter am Morgen des 11. Juli empfing, seinen Fehler mit der Annahme Benetiens unumwunden eingestand, die tiefste Reue über die Thorheit seiner Politik bekannte und darauf den Vertreter der Macht, die er soeben bedroht hatte, förmlich anbettelte, er möge ihn gegen sein eigenes Volk schützen, ihm die tiefe Demüthigung vor seinem Lande ersparen und ihn nicht in eine

Politik hineintreiben, welche allen seinen Rei-
gungen und den seit Jahren beharrlich verfolgten
Ansichten widerspreche. An diesem Tage konnte
ihm Goltz noch nicht zu Willen sein. Sobald er
aber die Weisungen vom 9. erhalten hatte und sie
in die Tuilerien überbrachte (13. Juli), war
Napoleon gewonnen. Fortan zeigte er sich durchaus gleichgültig, ob Annexion oder nur militä-
rische Unterordnung, sei es aller, sei es einzelner
norddeutscher Staaten gewünscht werde, und ob
die alten Herren blieben oder gingen; er stellte
auch keine Compensationsforderungen, als Goltz
leise andeutend die Rede darauf brachte; wenn er
für die Integrität Oesterreichs eintrat, so meinte
er doch, kleine Grenzberichtigungen seien dadurch
nicht verboten; und wenn er die Einbeziehung
Sachsens in den Südbund vorschlug, so erklärte
er gleich, das geschähe nur im Interesse des
Gleichgewichtes, das Schicksal der Albertiner sei
ihm ganz gleichgültig; und daß er auch über
Sachsen noch mit sich reden lassen würde, offen-
barte er in der Frage, mit der er den Antwurf
von Goltz wegen der Compensationen beantwortete:
ob man nicht dem Könige von Sachsen die Rhein-
provinz geben könnte?

Wodurch ist es bei diesem Entgegenkommen
Napoleon's, das fast einem Sich-selbst-aufgeben gleich
kam, denn noch zu den Weiterungen gekommen,
die zu so großen Reibungen und Verstimmungen
in dem preußischen Hauptquartier geführt haben?

Ich sehe den Grund dazu doch wesentlich in einer Reihe von Mißverständnissen, theils von Goltz, theils von Bismarck selbst, welche beide hinter den französischen Manifestationen schlimmere Absichten vermutheten, als dahinter waren. Dadurch ward der Botschafter dazu gebracht, in dem Programm vom 14. Juli, das von ihm selbst entworfen und von Napoleon sogleich gebilligt war, die Annexionen völlig zu übergehen und sich im Uebrigen ganz an den ersten Abschnitt seiner Instruction zu halten, er fürchtete, mit den großen Annexionen auf Ablehnung oder Gegenforderungen zu stoßen, und verließ sich übrigens auf die sonst entgegenkommenden Aeußerungen des Kaisers über die Gestaltung der norddeutschen Verhältnisse. Im Hauptquartier aber, wo man den Grad des französischen Kleinmuthes noch viel weniger ahnte und des Königs Wünsche sich immer mehr auf die Grenzerweiterungen gerichtet und gesteigert hatten, war man außer sich, als man zunächst nichts als dies Schriftstück in die Hände bekam. Bismarck glaubte sich durch den Gesandten bloßgestellt und vergaß ganz, daß es eigentlich das Programm war, zu dem er sich der Gefahr eines Krieges am Rhein gegenüber, zunächst selbst bekannt hatte; er hat seinen Zorn über den ja auch sonst eigenmächtigen und mit ihm rivalisirenden Collegen gegen Benedetti selbst ausgeschüttet, als dieser nach Nikolsburg zurückgekehrt war, und hat ihm dabei, indem er den

zweiten Theil seiner Instruction wiederholte, erzählt, daß dieser Golz sich schon früher, 1864
und gelegentlich der Gasteiner Convention, zwei-
deutig benommen habe; daß sein jetziges Benehmen
aber an Hochverrath grenze [1]).

In dieser Stimmung sandte Bismarck seinem
Vertreter die Depeschen vom 17. Juli, in
denen er das Pariser Programm zwar annehmen
zu wollen erklärte, aber nur im Vertrauen auf
die Unterstützung Napoleon's bei dem Ländererwerb, den er in der zweiten Depesche auf drei
bis vier Millionen norddeutscher Einwohner nor-
mirte. Er sagt nicht, an welche Annexionen er
dabei denke, ob an Stücke aus allen größeren
feindlichen Staaten oder an wenige ganze Länder
Es ist eine Zahl, die den späteren Annexionen
beinah entspricht, ohne daß man deshalb annehmen
müßte, daß Bismarck schon diese und keine andern
im Auge hatte; Sachsen, Kurhessen, Hannover
umfaßten mehr, wohl an fünf Millionen. Daß
der Minister noch unsicher war, und er selbst
vielleicht die Summe, nur um aufzuschlagen, so
hoch machte, glaube ich fast aus der Weisung
vom 20. Juli folgern zu dürfen, worin Bis:
marck wieder gemäßigter auftritt. „Der König,“
so heißt es da, „schlägt die Bedeutung eines norddeutschen Bundesstaates geringer an als ich, und
legt demgemäß vor Allem Werth auf Annexionen,

—— .. —.

[1]) Rothan, S. 285 f.

die ich allerdings neben der Reform als Bedürfniß ansehe, weil sonst Sachsen, Hannover für ein intimes Verhältniß zu groß blieben"[1]. Also noch an dem Tage, wo die Waffenruhe, die zum Frieden führte, bereits feststand, hat Bismarck noch nicht von dem Gedanken, Sachsen zu zertheilen, abgelassen, und ist keineswegs der Meinung gewesen, daß die Staaten, die er der preußischen Leitung unterwerfen wollte, nothwendig erhalten bleiben müßten. Dasselbe gilt aber von seiner Stellung zu Oesterreich, von dem er sagt: „Noch bemerke ich, die französischen Punkte würden uns, vorausgesetzt eine Grenzregulierung mit Oesterreich, auch als Präliminarien für Separat-Frieden mit Oesterreich genügen, wenn Oesterreich einen solchen schließen will." Auch bei dieser Depesche wird man zugeben dürfen, daß darin der Einfluß des Königs zu starker Geltung kam; aber immerhin hat Bismarck sich ihm unterworfen, und es ist klar, daß er die Schonung Oesterreichs, die ja ohne Frage ein Programmpunkt seiner Politik war, noch nicht absolut durchzuführen entschlossen war.

In Paris aber sollte es sich zeigen, daß man noch viel schüchterner aufgetreten war, als es die Lage erheischte. Als Golz dem Kaiser am 19. den Antrag vom 17. vorlegte, war dieser gleich einverstanden und erklärte nur, das sei eine Detail-

---

[1] Zum Text vergl. Bettow-Vorbeck, S. 677.

frage, womit man die sonstigen Verhandlungen nicht von vorneherein verquicken dürfe, war dann aber, als Goltz am 22. Juli, jener letzten Weisung Bismarck's folgend, forderte, daß er die Erwerbungen, die er auf vier Millionen abgerundet hatte, ausdrücklich billige und empfehle, auch dazu ohne Schwierigkeit bereit. Er verstand darunter nicht nur ganz Hannover und Kurhessen, sondern concedirte ohne Weiteres auch die Abreißung des Leipziger und Bautzener Kreises von Sachsen, das er sonst zu schonen bat, ja er bezeichnete noch einen großen Thüringer Landstrich auf einer vorliegenden Karte als geeignet zur Annexion, und schlug ebenso von sich aus vor, für Oberhessen, das Preußen ja haben wolle, den Großherzog mit Rheinbayern zu entschädigen, er warf den preußischen Freunden ganze Länder nördlich vom Main so zu sagen an den Kopf. Und das Alles, ohne auch nur die Frage nach Compensationen zu erwähnen; nur daß er vielleicht, wie Goltz vermuthete, mit Rheinbayern auf ein Tauschgeschäft für sich hoffte. Erst als Alles so gut wie abgemacht war, ist bekanntlich Benedetti, den jetzt Drouyn de l'Huys mit letzter Kraftanstrengung dazu anstiftete, mit Forderungen für Frankreich selbst hervorgetreten. Nur die schier unglaubliche Schwäche, Verwirrung und Haltlosigkeit der kaiserlichen Politik machen solche verschwenderischen Concessionen erklärlich; dadurch vor Allem ist die über jedes Erwarten für Preußen günstige Entscheidung herbeigeführt, mehr noch als

durch die Unterhandlungskunst seiner Diplomatie.
Das haben unsere Nachbarn längst erkannt und mit
unwiderleglichen Actenstücken bewiesen; und es ist
Zeit für uns, einzugestehen, was doch auch für
unsere Politik wahrlich keine Schande ist. Goltz
hat seine Kenntniß des Terrains und der Personen
meisterhaft ausgenutzt, und die Kaltblütigkeit, die
Bismarck in den kritischen Tagen bewahrte, die
Entschlossenheit, mit der er, gedrängt durch den
König und die Verwirrung in dem Pariser Cabinet
gewahrend, am 17. Juli zugriff, ist bewunderns-
werth; aber es läßt sich nicht leugnen, und er
selbst hat es damals zugegeben. Das Glück ist
dem Kühnen hold gewesen in einem Maße, wie es
auch sein stolzer Wagemuth beim Ausbruch des
Krieges nicht hatte hoffen können. Der tiefere
Grund für diese klägliche Niederlage der französischen Diplomatie liegt nicht sowohl in der Krankheit des Kaisers, welche allerdings den letzten Rest
seiner Energie verzehrte, sondern in der Stellung
zu seinem Volke und in dem System, mit dem er
Frankreich beherrschte. Die Stürme, welche das
preußische Hauptquartier damals erfüllten und in
den leidenschaftlichen Scenen zwischen dem König
und seinem Minister zum Ausbruck kamen, be-
wegten doch nur den Wipfel der königlichen
Gewalt, die, in den Tiefen des deutschen Erd-
reiches wurzelnd, durch beide gemeinsam in den
Stürmen der Jahre des Conflikts aufrecht erhalten
war und eben erst in nie gesehenen Siegen ihre

Kraft und ihr Recht zur Führung der Nation bewiesen hatte. Allen Erschütterungen, welche diese Monarchie erlebt, dem Ansturm der modernen Ideen und zerschmetternden Niederlagen im Felde der Waffen zum Trotz war sie nur immer mächtiger emporgestiegen und immer tiefer eingedrungen in das innerste Gefüge des deutschen Lebens. Auch König Wilhelm vergaß nie die Rechte und die ehrgeizigen Gedanken seines Hauses, und es fehlte ihm noch viel von jenem Ideal, das jetzt auf der Höhe der preußischen Siege sein großer Minister für ihn und die zukünftigen Träger seiner Krone ergriff, „sich sättigen zu lassen von der Meinung der Nation". Aber jeder Schritt, den er für sich und sein Haus in Deutschland vorwärts that, näherte ihn diesem Ziel, und es nahte mit gewaltigem Dröhnen die Zeit, die den von den „Denkenden in der Nation" selbstlos genährten Idealen die herrlichste Erfüllung bringen sollte. Den Emporkömmling in den Tuilerien aber brachte jeder Schritt, den er für die Festigung seines Thrones vorwärts thun wollte, in immer tiefere Nöthe. Kein Plan, den er nicht nach der Stimmung seiner Nation einrichtete; Tag für Tag fühlten er und sein weltkluger Staatsminister, und das Heer der Agenten, das ihnen diente, der öffentlichen Meinung an den Puls. Nichts lag dem Kaiser mehr am Herzen, als sie zu befriedigen. Seine Herrschaft, sein Recht die Traditionen seines Hauses gründete er erst auf den Willen der Nation, als deren Erwählten er sich ausgab, und die glänzenden Erfolge, die er in früheren Jahren errungen, bauten sich alle, sei es wirklich oder scheinbar, auf der Anerkennung dieses Princ/pes auf. Wenn er jetzt zögerte und schwankte und endlich der altfranzösischen Politik untreu wurde, an die ihn und die Nation sein liberaler Gegner, der alte Minister des Bürgerkönigs, scheltend erinnerte, so geschah es, weil er den Widerspruch erkannte, in den er durch die Intervention in Deutschland mit jener Basis seiner Existenz unrettbar verfallen mußte. Die beiden Strömungen, die den Abenteurer emporgetragen und an die Spitze der Nation, ja zur Führerstellung auf dem Festlande gebracht hatten: die ganz Europa durchfluthende Idee der Rationalität und die Nöthigung, den nationalen Ehrgeiz zu sättigen, die Frankreich von dem Neffen des großen Kaisers als den Sold dafür, daß es ihn ertrug, und als die Garantie seines Thrones forderte, begannen sich mit einander zu verwirren, und in ihren Fluthen sehen wir den Kranken, den Ohnmächtigen vergeblich ringen. Das ist das psychologische Moment, das die Lage Napoleon's im Juli 1866 bezeichnet und den Wirrwar seiner Politik erklärt; und dasselbe erklärt uns seine Politik im Juli 1870 und seine Katastrophe.

Am 23. Juli, dem Tage, da in Nikolsburg die Conferenzen mit Oesterreich begannen, am

Morgen, noch vor der Sitzung, erhielt Bismarck das Telegramm seines Botschafters, das ihm die Unterwerfung des Kaisers unter alle seine Wünsche verkündigte. Auf denselben Tag verlegt er in seinen „Gedanken und Erinnerungen" auch den Kriegsrath, in dem der Kampf mit den Generalen und dem Minister in seine Krisis getreten sei. War aber der Conflikt, so wie er ihn erzählt, in dieser Stunde überhaupt noch möglich? Ist es denkbar, daß die Generale noch jetzt für den Abbruch der Verhandlungen und die Fortführung des Krieges nach Ungarn hinein eingetreten seien, und daß der König sich ihnen, der Majorität der unverantwortlichen Rathgeber, unterworfen habe? Die originalen Quellen, soweit sie uns vorliegen, wissen, so viel mir bekannt, nichts von einem Kriegsrath. Weder Abeken noch Boyen¹), weder Roon noch Moltke sprechen in ihren Briefen, die sie an diesem oder den folgenden Tagen schrieben, von etwas Anderem als von der Conferenz, in der die Oesterreicher und die Preußen, unter diesen Moltke selbst, die Friedensbedingungen discutirten; auch in den Erinnerungen des Herzogs Ernst von Coburg oder in den Aufzeichnungen des Adlatus von Moltke, des Grafen von Wartensleben, finden wir nichts der Art. Bismarck selbst hat einmal die Scene Busch erzählt: „Im Kriegsrath zu Nikolsburg."

so lautet dessen Aufzeichnung, „der auf meiner Stube gehalten wurde, wollten die Andern den Feldzug weiter fortsetzen nach Ungarn hinein. Ich aber war dagegen. Die Cholera, die ungarischen Steppen, die bedenklichen Frontveränderungen, politische Rücksichten — und Anderes, was ich zu bedenken gab. Sie blieben aber dabei, und vergebens sprach ich noch einmal gegen den Plan. Da ging ich aus der Stube heraus in die Kammer, die bloß durch einen Bretterverschlag getrennt war, schloß ab und warf mich aufs Bett, wo ich laut weinte vor nervöser Aufregung. Da wurden sie drüben nach einer Weile ganz still, und die Sache ist danach unterblieben" [1]). Die Aehnlichkeit beider Berichte ist auffallend, aber es fehlt bei Busch die Hauptsache, die directe Beziehung auf die Friedensverhandlungen; diese Geschichte könnte auch früher passirt sein. Bei den Generalen, deren Urtheil sich der König unterwirft, müßte man, wie sich versteht, wieder in erster Linie an Moltke und Roon denken.

---

[1]) Tagebuchblätter, Bd. II, S 467. Unmittelbar daran knüpfte Bismarck die Erzählung von der Unterredung mit Moltke über die französische Gefahr: „Moltke wollte sich, als französische Einmischung drohte, an die Elbe zurückziehen, die Oesterreicher lassen und sich gegen die Franzosen wenden, die damals schwach waren. Ich überzeugte ihn aber, daß das ein Fehler sein würde, da die hunderttausend Elbdeutschen mit höchstens fünfundzwanzigtausend Rothhosen uns sehr unbequem werden könnten." Also in der Pointe wieder ganz abweichend von den „Gedanken und Erinnerungen". Vergl Busch, Bd. III, S. 252.

Wir haben von beiden Briefe an ihre Frauen.
Jener schreibt am 23. Juli: „Heute eine erste
Conferenz. Ich hoffe, wir werden gute Erfolge
erzielen und alle Erwartungen übertreffen. Empfiehl'
mich dem Fürsten, ich habe sein Schreiben erhalten
und danke für die Mittheilungen wegen der Donau,
bin aber sehr dafür, die erreichten Erfolge nicht
wieder aufs Spiel zu setzen, wenn das irgend
vermieden werden kann. Und das hoffe ich, wenn
man nicht Rache üben, sondern den eigenen Vor-
theil ins Auge fassen will." „Danken wir Gott
aus vollem Herzen," schreibt er am 26., nach dem
Abschluß. Der Kriegsminister berichtete über die
Verhandlungen, die „Friedensaussichten!", wie er
frohlockend beginnt, erst am zweiten Tage darauf:
„Am 23. Juli war hier eine Conferenz mit
Karolyi und Graf Degenfeld, in welcher man sich
über sehr günstige Friedensbedingungen verständigte;
der König war gleichwohl nicht ganz befriedigt;
Niemand wird uns Schwachheit und Neigung für
einen ,faulen Frieden' Schuld geben mögen; der
Herr hat aber, wiewohl keine Passion für die
Fortsetzung des Krieges, einen solchen Respect vor
,faulem Frieden', daß er immer noch ein bißchen
mehr verlangt, als billig und möglich." Diese beiden Botanten sind also jedenfalls nicht gegen
Bismarck gewesen. Daß der Kronprinz zu ihnen
gehörte, braucht keines Wortes. Wer waren da
noch die Generale, die in dieser Angelegenheit
mitzusprechen hatten? Abeken, der Alles weiß

und Nichts sagt[1]), erzählt wieder mit heiterem
Humor allerhand Hübsches von dem, was äußerlich vorging. „Der Minister sitzt," so schreibt er
mitten aus den Verhandlungen heraus. „mit
Majestät und Kronprinz in meiner Stube, er
kommt auf einen Augenblick hinein und sagt mir.
„Le Roi se repose sur la chasteté de votre lit!"
Der französische Botschafter und sein Secretär
hatten bei uns dinirt, deshalb war das Diner in
der Empfangsstube des Ministers; während wir
noch bei Tische sitzen, lassen König und Kronprinz
sich melden, und der Minister läßt sie in meine
Stube führen und geht zu ihnen; wir vollenden
unser Diner, trinken unsern Kaffee, dann schleicht
sich Einer nach dem Andern weg, Reubell, Bismarck-
Bohlen, der französische Secretär, nur ich konnte
mich nicht wegschleichen, da ich keine Stube hatte,
und bleibe mit dem Botschafter allein, der sich auf
den Tisch setzt und mit den Beinen baumelnd mir
ägyptische Geschichten erzählt. Der Minister kommt
ab und zu herein, um uns zur Geduld zu ermahnen;
endlich fällt es dem Bene-Maledetti glücklicherweise
ein, daß er noch an seine Frau schreiben wollte.
und daß er, um den Minister zu sprechen, auch
nachher mit ihm spazieren fahren könne; er läuft
davon, und während die hohen Herrschaften noch
meine Stube occupiren, kann ich wenigstens am

---

[1]) Doch könnte hier etwas Wichtiges ausgelassen sein,
S. 340.

Tisch des Ministers ein paar Zeilen an Dich schreiben." Wo bleibt in all' diesem Hin und Her die Zeit zu einem Kriegsrath in der „Kranken- stube" Bismarck's? An demselben Morgen hatte Se. Majestät Karolyi eine Audienz ertheilt, und am Abend vorher Bismarck empfangen. und nach einem Rückblick auf seine ganze Vergangenheit und alle Schwierigkeiten seiner Regierung von dem späten Abendroth gesprochen, das seinem Alter noch zu Theil geworden, und dann den Minister unter Thränen umarmt.

Nur der Kronprinz hat einmal in späteren Jahren zu einem Vertrauten von einem Kriegsrath gesprochen, der auf den 23. Juli bezogen werden konnte [1]. „Sie wissen." so lautet dieser Bericht, „daß mir die Bismärckerei der Conflictszeit sehr zuwider war; nun aber, da das Heil des Vater- landes auf dem Spiele stand, ging ich zu Bismarck und versicherte ihm, daß ihm meine Unterstützung nicht fehlen sollte. Als ich damals in Nikolsburg den steilen Schloßberg hinauf ging, begegnete mir auf der halben Höhe der General von Moltke, der mir sagte: „Sie finden oben Alles in der schlimmsten Bagarre; der König und Bismarck sehen sich nicht. Der Kaiser von Oesterreich hat durch die Ver- mittlung des Kaisers Napoleon Frieden an- geboten. aber die Integrität Sachsens als Be-

---

[1] Hans Delbrück, „Erinnerungen an Kaiser Friedrich und sein Haus." Preuß Jahrb. 1888.

dingung gestellt. Das will der König nicht zugeben.' Als ich hinauf kam, fand ich es wirklich
so, der König und Bismarck hatten sich eingeschlossen, und keiner wollte zum Anderen. Ich
machte nun den Vermittler. Es wurde ein Kriegsrath berufen und die Sache verhandelt. Da wandte
sich der König, das einzige Mal, wo er das gethan
hat, an mich und sagte: ‚Sprich Du im Namen
der Zukunft‘." Der Kronprinz kam von seinem
nahen Hauptquartier auf Schloß Eisgrub zuerst
am 20. Juli nach Nikolsburg, und wiederholte
seinen Besuch am 23. und 24., indem er jedesmal
am Abend nach Eisgrub zurückkehrte. Zu welchem
dieser Tage jener Bericht gehört, wird leider nicht
klar. Die Bemerkung über Sachsens Integrität
würde uns auf den 23. führen können, unter dem
auch das Tagebuch des Kronprinzen über den
Krieg von 1866 eine Notiz darüber bringt[1]);
aber diejenige über die Anerbietung des Friedens
seitens Oesterreichs unter Napoleon's Vermittlung
möchte viel eher auf den 20. Juli hinweisen; und,
was der hohe Herr von seiner Begegnung mit
Bismarck gesagt hat, scheint sich wieder zu decken
mit dessen Erzählung zum 24., man müßte denn
annehmen, daß der Kronprinz sich gegen den
Minister zweimal über ihr früheres Verhältniß

---

[1]) Es heißt hier: ‚Nur Sachsens geographische Integrität
verlangt Oesterreich, weil es ein Ehrenpunkt für den Kaiser
sei, seinen Alliirten nicht untergehen zu lassen.'

ausgesprochen habe, oder gar die Aussprache auf den 20. oder 23. Juli zurückverlegen [1]).

Diese Quelle schafft also statt der erhofften Aufklärung nur noch mehr Verwirrung, und ich gestehe, daß ich zwischen den verschiedenen Angaben nicht ein noch aus weiß, daß ich mich aber auch nicht entschließen kann, den Bericht Bismarck's so anzunehmen, wie er dasteht.

An demselben 23. Juli nun, unmittelbar nachdem die Generale fortgegangen, will er das Memoire niedergeschrieben haben, in dem er alle seine Gründe für den Frieden zusammengefaßt und seine Entlassung angeboten habe, wenn der König diesen seinen „verantwortlichen Rath" nicht annehmen wolle. Er selbst sagt, daß es identisch sei mit dem Actenstück, das Sybel S. 294 wiedergegeben habe; doch habe dieser nur einen Theil abgedruckt. Der Abdruck bei Sybel macht aber durchaus den Eindruck, daß es die ganze Eingabe Bismarck's war. Sybel verlegt dieselbe auf den 24. Juli, und aus dem Inhalt ist mit Sicherheit zu schließen, daß diese Angabe richtig ist [2]). Ferner

---

[1] Andererseits steht fest, daß Friedrich Wilhelm mehrmals in diesen Tagen bei Bismarck eingetreten ist. Vergl. auch Abeken, Brief vom 20. Juli, in dem sich die Stimmungen der leitenden Kreise in der sanften Art des Briefstellers abspiegeln.

[2] Vergl. die Worte S 295· „Es ist in Folge der auf Befehl Ew. Majestät dem Grafen Golz ertheilten Instructionen gelungen" x.

aber ist darin nichts deutlicher ausgesprochen, als daß der Minister gar nicht an seinen Abgang gedacht hat. Er schreibt nur: „Ich fühle die ganze Verantwortlichkeit gegen Ew. K. Majestät für den Rath, welchen ich zu ertheilen berufen bin, und habe daher das Bedürfniß, amtlich zu constatiren, daß, wenn ich auch jede von Ew. Majestät befohlene Bedingung in den Verhandlungen pflichtmäßig vertreten werde, doch jede Erschwerung des schleunigen Abschlusses mit Oesterreich behufs Erlangung nebensächlicher Vortheile gegen meinen ehrfurchtsvollen Antrag und Rath erfolgen würde." Und demgemäß ist denn auch weiter verhandelt worden: der König ist nicht unmittelbar darauf eingegangen, sondern hat in einem Marginale, das Sybel mittheilt, und nach dem Bismarck am nächsten Tage beschieden sei, erklärt, er gebe zu, daß, wie der Minister darin gesagt, das erlangte Resultat nie vorhergesehen und bei der Congreßidee, auf die Bismarck, besonders nach Petersburger Nachrichten, warnend hingewiesen hatte, wieder problematisch sei. „Aber," hatte er hinzugesetzt, „es kommt darauf an, wieviel man an Geld oder Land erlangen kann, ohne das Ganze aufs Spiel zu setzen." Indem er sonst die Richtigkeit aller Vordersätze der Erörterung seines Ministers bestätigte, schloß er mit den Worten: „daß, wenn trotz Bismarck's pflichtmäßiger Vertretung der preußischen Ansprüche vom Besiegten nicht das, was Armee und Land er-

warten dürften, zu erlangen sei, ohne das Haupt-
ziel zu gefährden, so müsse der Sieger vor den
Thoren Wiens sich eben fügen und der Nachwelt
das Urtheil überlassen."

Ist es nun möglich, daß Bismarck, wie er
sagt, an der Hand dieses Schriftstückes so gesprochen hat, wie er ausführlich berichtet? Von
den nationaldeutschen Gesichtspunkten, die er im
Gegensatz zu den dynastisch-preußischen Sr. Majestät
entwickelt haben will, ist darin gar nicht die
Rede; sondern, indem er die Errungenschaften des
Feldzuges als ein Ziel bezeichnet, „so groß, wie es
bei dem Ausbruch des Krieges niemals gesteckt
werden konnte", und die Gefahren erläutert, die
man von Frankreich und dem vereinigten Europa
zu erwarten habe, betont er den gemeinsamen
Wunsch Oesterreichs und Frankreichs, Sachsen zu
erhalten, und fragt, ob der König, zumal nach
dem Ausbruch der Cholera, um einige Quadrat-
meilen oder wenige Millionen mehr das ganze
Resultat wieder in Frage stellen wolle? Es handelte sich also gar nicht einmal mehr um Ab-
tretungen Oesterreichs, sondern neben Geldzahlungen
von dessen Seite nur um die Unversehrtheit Sachsens,
die der König noch nicht zugeben wollte.

Das Alles paßt genau in den Zusammenhang, wie ich ihn skizzirt habe und wie man bei
Sybel des Näheren nachlesen kann, während der
Vortrag, den Bismarck gehalten haben will, völlig
davon abweicht.

Hiernach scheint mir die Annahme fast unwiderleglich, daß es sich bei den Differenzen jenes Tages wirklich nur noch um die Integrität Sachsens, welche Napoleon ja allerdings, jedoch mit der von Golz soeben gemeldeten Einschränkung, empfohlen hatte, und daneben um die Höhe der österreichischen Kriegsentschädigung gehandelt habe, d. h. um die beiden Punkte, um die sich in der That, wie wir wissen, die Verhandlungen der nächsten Tage noch drehten. Auch hier aber kommen wir um eine Klippe nicht herum. Denn der König selbst hat später in seinem Erinnerungskalender dem 24 Juli die Worte hinzugeschrieben: „schwerer Entschluß, die Integrität Oesterreichs und Sachsens zu bewilligen"; man müßte also auch bei ihm wieder, wollte man dem Aktenstück als der ursprünglichsten Quelle mehr vertrauen, eine Verschiebung im Gedächtniß annehmen.

Daß sich an diesen Conflict die Scene, in der der Kronprinz an jenem Tage intervenirte, anknüpfte, steht außer Frage. Herzog Ernst von Koburg-Gotha, der mit Er. Königlichen Hoheit zu dem Diner in Nikolsburg befohlen und aus Eisgrub herbeigekommen war, hat in seinen Erinnerungen, die sonst, wie überall, so auch über jene Tage schwere Irrthümer enthalten und den hohen Verfasser als wenig eingeweiht zeigen, davon erzählt, freilich weit abweichend von den „Gedanken und Erinnerungen". Er habe, sagt er unter Anderem, mit Bismarck in den Vorzimmern der Entscheidung geharrt, „und ich erinnere mich recht deutlich, wie die schwerwiegenden Augenblicke träge zu verlaufen schienen". Bismarck selbst hat mehrfach darüber berichtet, aber auch seine Erklärungen stimmen nicht überein. Zumal, was er über die Randnote des Königs, die der Kronprinz ihm überbracht habe, sagt, klingt jedesmal verschieden. In den „Gedanken und Erinnerungen" schreibt er, sie sei auf einer seiner „letzten Eingaben" aufgezeichnet gewesen. Unruh erfuhr von ihm auf einem Diner am 25. Januar 1873, an dem auch Miquel als der andere Tischnachbar des Kanzlers theilnahm, daß sie auf dem Rande des Entwurfs zu den Friedenspräliminarien gestanden habe. Sie habe ungefähr so gelautet: „Ich habe diese wenig ehrenvollen, den erfochtenen Siegen nicht entsprechenden Bedingungen nicht genehmigen wollen. Nachdem ich dieselben aber meinem Sohn und Thronfolger vorgelegt und dieser sich auf die Seite meines Ministerpräsidenten gestellt hat, bleibt mir nichts übrig, als meine Genehmigung zu ertheilen[1])." Hier fehlt also die Angabe über die Entlassung. Herrn von Lettow hat Bismarck im October 1895 Mittheilungen gemacht, die inhaltlich mit den Erinnerungen, nur mit einigen Abweichungen,

---

[1]) Poschinger, Bismarck und die Parlamentarier. Bd. 1, S. 242. Vergl. auch die Mittheilungen des österreichischen Ober-Kirchenraths Dr. Franz über ein Gespräch mit dem Fürsten im Sommer 1868. Bei Unger, Unterredungen mit Bismarck. S. 219.

übereinstimmen; als Inhalt gibt Lettow an: „Mein Ministerpräsident verläßt mich, mein Sohn steht auf seiner Seite; unter den Umständen muß ich auf den schmachvollen Frieden eingehen." Jedoch haben danach die Worte in einem „Handbillet" des Königs gestanden. Nun ist eine Randnote des Königs da, an der Stelle, wo man jene andere am ersten suchen würde, auf dem Memoire vom 24 Juli selbst; wir lernten sie soeben nach Sybel's Wiedergabe kennen. Wäre es am Ende gar möglich, in ihr, in dem Schlußsatz, worin der König seiner Abweichung einen scharf prononcirten Ausdruck gibt, das Wort zu sehen, das Bismarck im Gedächtniß zu haben glaubte?

————

Schwierigkeiten auf Schritt und Tritt. Und ich wage kaum, eine feste Ansicht auszusprechen. Das Controlmaterial, das für den Krimkrieg so gediegen war und es gestattete, das Problem wie im Schraubstock festzulegen und zu zergliedern, ist hier ganz locker und brüchig, und der Kritiker muß auf diesem Boden mit größter Vorsicht auftreten. Daß die Dinge nicht so verlaufen sind, wie der Fürst sie erzählt, ist freilich sicher, und Niemand kann uns zumuthen, seinen Bericht in irgend einem Punkte ohne Weiteres als festen Boden für die Darstellung anzusehen. Es würde eine eigene Aufgabe sein, nachzuforschen, wie sich allmählich das Bild der Ereignisse und unter welchen Eindrücken

abgeschwächt und verändert hat. Es beginnt dies
schon zu einer sehr frühen Zeit. Schon Anfang
August 1866, noch in Brünn, sprach er sich zu
General von Hartmann, dem Hannoveraner, darüber
aus, daß er gegen die Halbierung von Sachsen und
Hannover gewesen sei: „Es hieß erst," so läßt ihn
wenigstens Hartmann sprechen, „wir wollten halb
Sachsen und halb Hannover haben — ich war
dagegen. Ein beraubtes Gemeinwesen bleibt immer
unzufrieden, man muß das Gemeinwesen zusammen-
lassen, dann gewöhnt sich das Ganze an das neue
Regiment. Man mußte die südlichen Provinzen
Hannovers haben wegen der Verbindung; das sind
aber gerade alte Provinzen; auch Bremen, Verden,
das Land Hadeln und Kehdingen sind alte Provinzen, und auch diese mußten wir der Nordsee
wegen haben. Es blieb nach allen Erwägungen
nichts übrig, als zuzugreifen. Ein Königthum
von 800000 Einwohnern dort bestehen zu lassen,
wäre ein entsetzlicher Fehler gewesen."

Ich glaube wohl, daß Bismarck diese Reflexion
gemacht und daß er in der That früher und schärfer
als der König die Alternative „Ganz oder Nichts"
ins Auge gefaßt hat, sowie auch, daß König
Wilhelm sich in seinen Zerstückelungsabsichten von
dynastischen Gesichtspunkten und dem Empfinden,
daß die Gegner, die ihn unschuldig zum Kriege
gebracht, bestraft werden müßten, hat leiten lassen.
Auch darf man, wie bemerkt, in den Weisungen
an Golz nicht lediglich Bismarck's Auffassung er-

blicken, sondern muß sie als Compromisse zwischen seiner und des Königs Ansicht auffassen. Immerhin aber muß schon diese Auslage nach der Instruction vom 9. und selbst noch derjenigen vom 20. Juli modificirt werden. Ebenso wenig soll in Abrede gestellt werden, daß der Minister mit den Generalen an einander gerathen ist und sich als der verantwortliche Leiter der Politik durch ihre militärischen Gesichtspunkte und ihren kriegerischen Ehrgeiz, denen der König so zugänglich war, in seinen Combinationen gestört und geärgert gefühlt hat. Er hat auch darüber schon in früher Zeit Klage geführt, so z. B. 1868 gegen Bluntschli [1]). Ich möchte diesen Gegensatz als besonders lebendig um den 8. und 9. und wiederum um den 18. und 19. Juli [2]) annehmen, wo die Briefe der hohen Officiere eine sehr gehobene Stimmung athmen. Doch läßt sich eben mit dem bisherigen Material wenig ausrichten. Wir werden ja wohl mit der Zeit bessere Quellen in die Hand bekommen, vor Allem die Correspondenz der Hauptbetheiligten, des Königs, des Kronprinzen und Bismarck's selbst, von dessen Briefen an seine Gemahlin zwischen dem 19. Juli und 2. August noch nichts heraus ist.

---

[1]) Siehe Bluntschli, Denkwürdiges aus meinem Leben, cit. nach Unger 58.

[2]) Vgl. u. a. Roon's Briefe vom 17. und besonders 19. Juli, dazu die interessanten Mittheilungen desselben an Bernhardi vom 23. September, in dessen Tagebuchblättern VII, 205.

Doch ist es Thorheit, zu verlangen, daß wir bis dahin warten oder gar die Erzählungen des greisen Staatsmannes auf Treu und Glauben hinnehmen sollen. Wir haben zu ihrer Kritik und zur Darstellung seines Lebens und seiner Zeit schon heute eine Fülle echtester Quellen und sind schon jetzt in der Lage, an mehr als eine Stelle des unsicheren Bodens, den wir in seinen „Gedanken und Erinnerungen" betreten, das solide Fundament unparteiischer Forschung zu setzen. Noch weniger aber kann die Auffassung gebilligt werden, als dürften wir überhaupt nicht an dem Denkmal, das Bismarck sich darin errichtet hat, rütteln, als begingen wir eine Sünde wider den heiligen Geist, wenn wir nachweisen, daß er Thatsachen vergessen und verschoben hat, oder daß sein Urtheil über Personen und Ereignisse oft fehlerhaft ist. Ganz abgesehen davon, daß wir damit Denen, über die er uns falsch unterrichtet, das Unrecht anthun, dessen wir uns gegen ihn enthalten wollen, so würden wir gerade seinem Andenken dadurch Unehre erweisen.

Denn wir sind es in erster Linie ihm selbst, dann aber der Nation, der er den Athem seines Wesens, das stolze Kraftgefühl, das ihn durchdrang, erst eingehaucht hat, schuldig, das Bild seiner Persönlichkeit in der vollen Ursprünglichkeit seiner Kraft und in der stürmisch fortschreitenden Entwicklung seiner Tage dem Gedächtniß der Nachwelt „dauernder als Erz" zu überliefern. Eine Aufgabe, die wir Zeitgenossen des Gewaltigen nicht bewältigen werden, sondern die auch die nach uns kommenden Generationen zu immer neu anbringender Forschung antreiben wird. Soll es uns, in deren Mitte er wandelte, die wir seine Stimme hören, ihm in das tiefglühende Feuer seines Auges blicken durften, darum verwehrt sein, daran mitzuarbeiten?

Was ich in dieser Studie geboten, konnte ja nur Bruchstück sein, eine kleine Vorarbeit zu dem Werke, dessen Vollendung mehr als e i n e s Mannes Kunst und Arbeit erfordern wird; nur zwei Stellen des Bodens habe ich mit ein paar Handgriffen der Methode lockern wollen, mehr um die Lücken sichtbarer zu machen und zur Forschung anzuregen, als daß ich damit Großes erreicht zu haben glaubte. In derselben Weise, hoffentlich auch mit besseren Mitteln, womöglich mit neuen Quellen, muß das ganze Werk durch die kritische Hechel gezogen werden. Marcks, Delbrück, Bamberger und Andere haben bereits an mehr als einer Stelle auf falsche Berichte oder Urtheile hingewiesen; ich brauche nicht zu wiederholen, wie wenig die Angaben über den Ursprung des Krieges gegen Frankreich, den Conflict mit den „Halbgöttern" im Generalstab vor Paris, über die Entstehung und den Abbruch des Culturkampfes, den Bruch mit den Nationalliberalen und Anderes zuverlässig sind. Auch das Motiv, das er seiner Rede vom 3. December 1850 zu Grunde legt, die er auf eine Verabredung mit dem Kriegsminister, nur um den Beginn des Kampfes mit Oesterreich hinauszuschieben, zurückführet, kann ich mich nicht entschließen einfach zu übernehmen¹). Dort wie überall haben die Empfindungen und Anschauungen der späteren Zeit auf die Erinnerungen des Fürsten eingewirkt.

Der Werth des Buches kann dadurch in meinen Augen nicht sinken, selbst wenn man zu dem Ergebniß käme, daß auf jeder Seite gleich starke Irrthümer, wie wir sie nachgewiesen, stehen; man muß ihn nur nicht da suchen wollen, wo er nicht liegt. Und man braucht an der Größe des Mannes nicht irre zu werden, weil sein Buch keine zweifellose Urkunde ist für die Thatsachen und die Personen, die er darin schildert. Er hat in seinen „Gedanken und Erinnerungen" ein Werk geschaffen, das sich sehr wohl mit Goethe's Autobiographie vergleichen läßt. Wer aber mochte unter dessen Werken „Dichtung und Wahrheit" missen, oder wer möchte dies Buch auch nur tadeln, weil es die in Poesie und Leben verklärte Gestalt des Dichters ist, die es schildert? Und wer empfindet

---

¹) Was an der Haltung Bismarck's, die allerdings von der der Camarilla abwich, richtig ist, glaube ich in der Anmerkung zu dem Nekrolog auf den Fürsten (Schmoller, Lenz, Marcks, In Bismarck's Gedächtniß. S. 81) nachgewiesen zu haben. S. auch den großartigen Artikel Bismarck's vom 19. November 1850 in der Kreuzzeitung, „Zur schwebenden Frage", den es sehr lehrreich ist mit der Rede zu vergleichen.

nicht, daß gerade in dem Hauch der Dichtung, der über dem classischen Werke ausgebreitet ist, die Wahrheit, der Hauch des Ewig-Schönen liegt, dem der Träger dieses hohen Lebens diente? So hat auch Bismarck in den „Gedanken und Erinnerungen" ein Selbstporträt entworfen, das gerade die echten, die heroischen Züge seiner Persönlichkeit widerspiegelt, den gewaltigen Willen, die heiße Leidenschaft, den bis zum Haß sich steigernden Zornmuth, das jede Blöße des Gegners erspähende Auge des Staatsmannes, die Macht der Phantasie, die Sicherheit des historisch-politischen Urtheils, auch wohl bittere Menschenverachtung, und das Alles doch wieder verschmolzen mit der unerschütterlichen Hingabe an die Krone und der freien Liebe zu dem königlichen Herrn, dem er diente: das Löwenartige mit einem Wort tritt nirgends so concentrirt hervor als in dem Werk, das der Greis in der Waldeinsamkeit, in der Verbannung schuf. Und ich fürchte mich nicht vor dem Vorwurf, daß ich um dieser Kritik willen zu den Verkleinerern des Schöpfers von Kaiser und Reich zu zählen sei; so wenig etwa wie Herman Grimm als ein Verächter Goethe's gilt, weil er mit fein abwägender Empfindung der Willkür in der Composition und den Schilderungen von „Wahrheit und Dichtung" nachgespürt hat.

Freilich wäre es möglich, ein Bild von Bismarck zu entwerfen, das in dem Fluß der Linien, der Bewegtheit aller Züge noch überwältigender wirken müßte: wenn wir erst das Leben dieses Reformators unseres Staates in seinem ganzen Reichthum, unbeirrt durch die immer geschäftige Legende, dargestellt, wenn wir den Nimmermüden, den Immerlernenden durch alle Tage seines Lebens und durch alle Stürme der Zeit vorurtheilslos begleitet haben werden. Dazu ist die nothwendigste Vorarbeit die kritische Richtigstellung seiner Memoiren. Sie sind das Werk seines Alters: der finstere Geist, der den alten Löwen im Walde von Friedrichsruh so oft überschattete, ist in ihnen zu Worte gekommen, und das Verlangen, den Gegnern, die ihn gestürzt, den „Kleinen unter den Seinen", die sich an den Platz gesetzt, den er leer gelassen, den Neidern und Rivalen, von denen er sich verdrängt glaubte, und den „unverantwortlichen Rathgebern", die den Officiersgehorsam an Stelle des staatsmännischen Pflichtbewußtseins setzten, das Bild seiner Thaten und seines Wollens entgegenzuhalten.

Wollten wir das Alles annehmen, so würden wir die Anschauung dieser seiner letzten Zeit zu der unsrigen machen müssen; wir müßten dann seine Gegner hassen wie er, und jene Verachtung der Parteien und der Ideale mit ihm theilen, zu der ihn die bitterlich empfundene Kränkung getrieben hat; wir müßten an die Entwicklungslosigkeit seiner politischen Ideen glauben, die in seiner Apologie unwillkürlich hervortritt, und das große Problem seines Lebens, die Wandlung des

preußischen in den deutschen Staatsmann, würde
ganz ungelöst bleiben. Nur wer in gemessener
Entfernung und vorurtheilslosen Blickes sich der
Gestalt dieses Giganten, der kein Heiliger war
und es nie hat sein wollen, gegenüberstellt, wird
im Stande sein, ihn nach dem Maße seiner Umgebung zu beurtheilen; und nur so werden wir die
Männer, mit denen er verbündet war und die er
bekämpfte, alle Ideale und Interessen, mit denen
er rang, gerecht beurtheilen, und die Wahrheit
des Wortes verstehen, dem auch dieser Gewaltige
sich unterworfen fühlte, daß es höhere, zwingende
Mächte waren, von denen er sich tragen ließ.
Wer aber nichts Anderes weiß, als ihm huldigend
zu den Füßen zu hocken, wird ihm kaum über
die Kniee hinwegsehen.